労働組合たんけん隊

長久　啓太

学習の友社

はじめに

この本は、私の願いがギュギュッとつまっています。この本を手にとっていただいたみなさんに、労働組合の魅力や価値を届けたい、知ってほしい、という願いです。

私は岡山県で学習運動組織の専従者として活動していて、さまざまな労働組合で講師活動をさせていただいています。そうした学習会のあと、「はじめて労働組合についてちゃんと学びました」という感想がよく聞かれるのです。残念ながら日本では労働組合についてきちんと学ぶ機会がほとんどありません。多くの人にとって労働組合は未知の存在なのです。働きはじめる前、とくに中学や高校などの教育のなかでしっかり労働組合のことを教えることが大切と感じています。同時に、「労働組合を知るきっかけ」「労働組合に出会うきっかけ」を職場や地域の身近に、たくさんつくりたい。そのきっかけのひとつに、この本がなればと考えました。未知のことに出くわすとき、そこには発見があります。ご一緒に、労働組合を「たんけん」してみませんか。

この本のおおまかな内容です。第1章は、私たちが毎日営んでいる「生活」に分け入りながら、人間らしい生活とは？を考えていきます。第2章は、生活に強い影響をおよぼす労働条件にこだわることの大事さ、それは労働組合でこそ可能であるという認識につなげていきます。第3章は労働組合やその活動についてのそもそもや歴史についてのお話です。

系統だてて「労働組合とはこういうものだ」と説明している本ではありません。「こんな切り口から労働組合を考えてみてはいかがでしょうか」という素材と思ってください。そして、「あなたの大切にしたいもの」と「労働組合」が結びついてもらえれば嬉しいです。

ぜんぶで一七話ありますが、どれも基本的には独立しているので、どこから読み始めてもらっても大丈夫です。一話を読むのにそう時間はかかりません。会議や学習会などで読みあわせ、感想交流をしてもらうのも、この本の使い方のひとつです。みんなで読むことで、集団で議論することの楽しさも味わえると思います。

なお、表紙をふくめ、この本のすべてのイラストを書いていただいたのは、岡田しおりさんです。岡田さんには、前著『ものの見方たんけん隊』でもすてきなイラストを提供していただきました。今回も内容に彩りを加える絵の数々。本当にありがとうございました。

私はこれまで、労働組合のみなさんと「労働組合とはなにか」の学習を重ねてきました。どうしたら、労働組合の役割と価値を伝えられるのか、いつも模索しています。試行錯誤はこれからも続きます。でもそうした経験が、この本の内容に実をむすんでいると思います。その意味で『労働組合たんけん隊』は、そうしたみなさんとの合作です。これまで、たくさんの伝える機会をいただけたことに、あらためて感謝申しあげます。

二〇一七年七月一五日　長久啓太

『労働組合たんけん隊』

――もくじ――

もくじ

第1章　「生活をたんけんする」

第1話　生活する、ということ

「選ぶ」ことと生活

目玉焼きには断然しょう油。いや、塩こしょうだ。わたしはマヨネーズ…。

日常のささいなことのなかでも、私たちは「選ぶ」という行為をくり返しています。選びながら生活をしています。「選ぶ」とは、「条件を整える最も好ましいものとして、幾つかの中からそれを取り出す（に決める）」（三省堂『新明解国語辞典』第七版）こと。目玉焼きをおいしく食べる条件を整えるために、自分で「選んでいる」わけです。

味つけだけでなく、素材としての卵の種類や、焼き具合、目玉焼きをのせる器、黄身から食べるか白身から食べるかなども、「選んで」います。これがたとえば、「ずっとしょう油でなければならない」「まず黄身から食べなさい」と強制されたらどうでしょう。いやですよね。

改めて考えてみると、「選ぶことができる」というのは、人間の尊厳に深くかかわる行為です。尊厳とは、その人がその人らしくあれること、人間としてふさわしい扱いをされることを意味します。みずから選ぶ自由があることは、私をつくっているのは私であると実感することになるのです。

基本的人権にかかわるさまざまな自由も、権力や他者から強制されない「選ぶ自由」を大事にしています。たとえば、どこにすむかという居住の自由、どんな仕事をするのかという職業選択の自由、だれをパートナーに選ぶのかという配偶者の選定などです。表現の自由、思想および良心の自由、信教の自由、学問の自由などもそうです。これらは、「私をつくる」ために欠かせない自由です。誰もが、かげがえのない一度きりの生を生きている。ひとりひとりが取り替えのきかない「個」である。だからこそ、自由＝選べることが必要なのです。

私たちの生活は「選ぶ」ことに満ちています。食文化の多様さ、ファッション、住文化、雑貨、音楽、スポーツ、読み物、趣味・娯楽、余暇、芸術、メディア、乗りもの、ペット…。あげればきりがありません。

生活の何に価値を置くかによって、生活スタイルやリズム、生活もようというのもガラッと変わります。「何もしない」という選択、ぼんやりする、だらだらすることも、生活の大切な要素のひとつです。意識してもしなくても、幸せな生活を送りたいというのは人間の根源的欲求ですから、自分らしさを求める、生活を工夫する、というのは自然なことです。

生活はかけがえのないもの

雇われて働く労働者は、使用者や管理者から命令・指示を受けて働きます。裁量の枠が決められています。自分で選べないことが多い。服装や言葉づかいも一定の決まりがあると思います。ときには自分を押し殺して仕事をすることもあるでしょう。でも労働契約から離れた生活の場では、基本的に自分に選択権があります（ゆとりのあるなし、家庭事情にもよりますが）。自分が主人公です。さまざまな「選ぶ」行為を日常的に行い、心地よく生きていくこと、生活に味わいをもたせるための条件整備をしています。

たとえば、知人・友人の家や部屋を訪れると、自分の生活風景との違いに驚くというか、新鮮さを感じることがよくありますよね。それほど「生活もよう」というのは、「人それぞれ」です。住まいの中だけでなく、まわりの環境や自然、風景、風土、交通、地域文化など、じつに多様な側面・要素からも生活は成り立っています。そしてそれを自分の一部として感じるようになります。人間関係も生活のなかで形成され、積み重ねが味わいを生み、さまざまな喜怒哀楽や幸せを感じます。

だからこそ、一人ひとりの命と同様に、一人ひとりの生活も、その人にとっては「かけがえのないもの」「奪われてはいけないもの」となるのです。憲法25条は「すべて国民は、健康で文化的な最低限度の生活を営む権利を有する」とうたい、侵すことのできない人権としての「生活権」を規定しています。生活は人権なのです。

生活の社会性を考える

かけがえのない自分の生活を楽しみたい。そのために、束縛されず自由に選択ができ、好きな生活スタイルを創造できれば最高です。でも、ことはそう簡単ではありません。それは、私たちが社会のなかで生きているからです。私たちの生活のあり様は、社会性・歴史性・地域性に規定されています。生活スタイルは、時代、国や地域によって違いがありますし、働き方、社会制度、法律も生活に関わってきます。そこから無関係ではいられません。

たとえば、現代の生活のなかで、その比重がどんどん高まっているものがあります。それは「買い物」です。私たちは毎日買い物をしています。食料品、日用品、雑貨、衣類、ときには電気製品、趣味や教養に関わるもの…。コンビニやスーパーはいたるところにあります。自宅で水や電気を使うという行為も、タダではなく料金を払っているので、お金をまったく使わない日は実際にはほとんどありません。

それは、現代の社会が商品売買を本質的な仕組みとしてもっている資本主義社会であり、私たちの生活に必要なもののほとんどすべてが「商品」という形でつくられているからです。だから「買い物」なしには、生活が成り立ちません。

わかりやすく比較するために、縄文時代の人の生活を想像してみましょう。「買い物」という行為はありませんでした。そもそも「お金」が存在しません。生活に必要なものは、自分をふくめた集団のなかで「つくっていた」からです。着るもの、食べるもの、住む家、日常生活に必要なさまざまな道具も、自分たちでつくっていました。「つくる」「取ってくる」ことが、縄文時代の生活の日常だったわけです。江戸時代も、農民などは「つくる」ことに比重がありました。買い物などはときどきで、必要なものは、だいたい自分たちでつくって生活していたわけです。「お金がすべて」ではありませんでした。

しかし私たちが生きている資本主義社会は、「つくる」よりも「買う」ことの比重が極端に高まっています。お金なしには生活できません。「お金のあるなし」で生活の質も大きく変わります。格差がうまれます。お金を手に入れないと、選ぶ自由がなくなる＝尊厳が削られる社会なのです。

現代日本の社会では、自由な私的時間＝ゆとりが少ないために、ますます「つくる」「生み出す」ということができなくなっています。自分の手で何かを生み出す、ということは、本来人間にとって大きな喜びのはずです。たとえば食材を直接生産とまではいかなくても、自宅で手づくりの料理を味わう、日常のこまごまとしたものなども自分でつくることができれば、生活への愛着もいちだんと増すのではないでしょうか。でも、「つくる」というのは、手間ひまかかります。時間が必要です。生活の多くの部面が「商品化」されている社会ですので、時間がなければ「買って済ます」ことができます。たとえば食事も家でつくらず、すべて外食でも可能なわけです。生活の外注化が進んでいます。単純には言えませんが、これは、「つくる喜びからの疎外」ではないでしょうか。

自分の生活を考えるとき、そうした社会的・歴史的につくられている「基礎にあるもの」についても、視点としてもつ必要があります。目玉焼きを「買って消費している」ということから見えてくるものはなんでしょうか。また、どのように食べるかだけでなく、誰と食べるのか、食事時間にゆとりはあるのか…などもも考えてみてください。

「生活とはそもそもなにか」ということも、ぜひ深めたいものです。生活は一人ひとりにとっての小宇宙であり、幸福追求のステージです。「こうしたい」「こうありたい」と選ぶことができる自由が必要です。私の生活にこだわることから、きっといろいろな、新しいことが見えてくるはずです。

第2話　生活のゆとりについて

生活をささえているもの

生きることは、生活すること。日常の生活を私らしく、人間らしくすごせる場と時間にしたいものです。でも、生活は「壊れる」こともあります。それは、その人がその人であることを保てない状態、つまり選ぶ自由を喪失することでもあります。生活を支えているものが失われた場合に、生活は壊れるリスクが増します。以下、具体的にみていきます。

まずやはり「お金」です。現代社会では「買って消費すること」が生活の大きなウエイトをしめています。お金がなければ、衣食住はじめ、生活に関わるさまざまなものが購入できなくなります。さらに日本では、ほんらい商品化してはいけない教育や医療や福祉といったものも「お金のあるなし」に左右されています。お金がなければ生活も人権も総崩れです。

そして、お金と同等かそれ以上に大事なのが「時間」です。いくらお金があっても、時間がなければ何もできません。生活にふりまわされず、逆に主体的に生活を楽しむ。そのためには自由につかえる時間がたくさん必要です。

生活の支え（前提）はまだあります。話したり、歩いたり、食べたりという、「あたりまえ」の生活行動は、健康な身体が支えています。元気でないと働くこともできません。失ってから気づくことも多いですが、「健康」は生活を支えている大事な宝です。そして、人間はひとりでは生きられませんので「人間関係」も重要で、生活を支えあい充実させるうえでのポイントです。生きがいなども人と人との関係のなかでつくられることが多いと思います。あと忘れてはならないのは、「社会的労働」です。蛇口をひねれば水が出る、スイッチを押せば電気がつく、これは水道局や電力会社の人が日夜働いているからこそ、私たちはそれを使えるのです。スーパーやコンビニの商品も、簡単に買うことができますが、それを作り出している人びとの労働なしには、お店に並びません。「いろいろな人が、いろいろな場所で、いろいろな労働をしている」からこそ、私の、みんなの、生活が成り立っています。想像しなければ見えにくいものですが、私の生活と、たくさんの人の労働はつながっているのです。

ほんらい政治というものも、私たちの生活が壊れるのを防ぎ、生活を支えるためにあるものです。政治の第一の目的は、国民の命と生活をまもることです。そしてなにより「平和」。平和は生活の前提であり、戦争は生活をバラバラに砕きます。

お金、時間、健康、人間関係、社会的労働、政治、平和。これら生活を支えているものはどれも、「私が私でいられる」ことを保障する大切なものなのです。

ゆとりについて

「生活のそもそも」についてさらに考えていきましょう。人間はたんに「生存する」ためだけでなく、「よりよく生きる」ことを考えるし、「文化」という形でその条件を拡大してきました。生活の中心線は文化です。生存を保つことに欠かせない衣食住にも、人間は文化を取り入れています。日本国憲法25条に「文化的」な生活をする権利が明記されているのは、人間に

ディスガイズド・エンプロイメント

―名ばかり個人事業主―

脇田　滋（龍谷大学名誉教授）編著　　定価 1540 円（税込）

［Ａ５判 144 ページ］ISBN 978-4-7617-0718-7

【ディスガイズ（disguise）＝隠蔽。偽装】

〈第１部　名ばかり個人事業主〉　　現場からの報告

広がる「名ばかり個人事業主」やフリーランスの労働実態を告発。
料理配達員、布団販売業、電気計器工事、ホテル副支配人、
俳優・芸能界、音楽実演家、英語講師、ヨガ指導、クリーニング、
美容師・理容師、コンビニオーナー、ネット通販。

〈第２部　「雇用によらない働き方」に国際基準で立ち向かう〉

ＩＬＯ国際基準、欧米や韓国など世界の取り組みを紹介しつつ、
このような働き方の規制と運動の方向を提起。　脇田 滋

労働者にも、専門家の間でも話題の本！

ジェンダー平等の実現めざして

定価 902 円（税込）

［Ａ５判 94 ページ］
ISBN 978-4-7617-0723-1

浅倉むつ子 ・ 戒能民江 ・ 田村智子 著

（早稲田大学名誉教授）（お茶の水女子大学名誉教授）（日本共産党副委員長）

職場の差別、家庭内暴力、政治のゆがみ・・・第一線で活躍する3人が語り合ったシンポジウム。
○労働分野からジェンダー平等を考える（浅倉）　／○女性に対する暴力をなくす（戒能）
○政治参加と女性 ― 立法分野でのジェンダー平等のとりくみ（田村）

非正規職員は消耗品ですか？

―東北大学における大量雇止めとのたたかい―

東北大学職員組合 編　　定価770円（税込）

［Ａ５判 96 ページ］ISBN 978-4-7617-1034-7

多くの大学が"無期転換"に道を開いているなか、東北大学で強行された 300 人を超える雇止め。
労働者のたたかいと勝利！　そして今後の国立大学および日本における労働問題を考える。

〒113-0034 東京都文京区湯島 2-4-4
郵便振替 00100-6-179157
学習の友社
TEL 03-5842-5641
FAX 03-5842-5645

とって文化を育てたり享受したりすることが、欠かせない人権（私が私でいられること）だからです。ただ、とくにお金と時間の「ゆとり」がなければ、文化的に生きる条件はせばまってしまいます。

「ゆとり」について、考えてみましょう。三省堂の『新明解国語辞典』（第七版）によれば、ゆとりとは、「当面の必要を満たしたあとに、自由に使うことが出来る空間・時間や体力、他のことを考えるだけの気力があること」です。

たとえば、私たちは生活するために仕事をしていますが、仕事があまりに忙しく帰りも遅いと、家に帰って「よしこれをしよう」ということになりません。気力や体力が枯渇し、考えることもオックウになります。これは「ゆとり」がない状態です。これでは文化的な生活は遠のきます。お金の面での「ゆとり」とは、賃金から必要な生活費を払い、それでもまだ使えるお金が残っている状態です。余分があるから、お金をどのように使うかを「選べる」ことができます。旅行にでも行こうか、新しい服を買おうか、コンサートも行きたい…。こうした「ゆとり」は、人間としての尊厳をたもち、その人らしさをつくります。

ちなみに、ゆとりは、「寛容」や「社会参画」ともかかわっています。仕事がキリキリピリピリ忙しいと、職場のスタッフのミスなども「イラッ」ときますよね。子育てなんかでも、余裕がないと、「早くしない！」「なにやってんの！」となりがちです。他者への寛容精神は、ゆとりがあれば湧いてきやすくなります。また、朝、新聞を読むゆとりがあるでしょうか。仕事が終わってから会議に行く元気がありますか。「ちょっとこれから集会に」も、自由な時間と体力・気力が必要です。つまりゆとりがなければ、社会のこと、政治のこと、大事な意思決定に参画することが難しくなり、「勝手にやっておいて」「おまかせ」となってしまいがちです。政治も労働組合の活動なども、ゆとりが欠かせないのです。

お金の面でのゆとり

「時間のゆとり」については、第4話で詳しくとりあげたいと思いますので、ここでは「お金の面でのゆとり」について、もう少し考えてみたいと思います。

最初に強調したいのは、日本は必要な生活費にやたらとお金がかかる国だということです。たとえば住宅費。日本は先進国のなかで、いちばん「住む」ことにお金がかかる国だそうです。家賃や住宅ローンにかかる費用がとても高いからです。

教育・子育ての費用も先進国のなかで飛びぬけて高くなっています。たとえば小中高大、すべて公立で通ったとしても、授業料ほかいろいろかかりますので、一人平均約一〇〇〇万円、二人産んだら二〇〇〇万、三人産んだら三〇〇〇万とも言われています。これでは少子化になるわけです。医療も毎月高い保険料を払ったうえに、病院にいけばさらに三割の自己負担があります。おかしくないですか？保育料も高い。介護保険料も高い。交通費や、携帯・スマホ代などの通信費も安くありません。かけがえのない生活を支えるものに、なぜこれほどお金がかかるのか。へんな国です。余裕がなくなるのは当然です。「使い方を選べるお金」がトボシクなります。

さらに消費税です。スーパーやコンビニに並んでいる商品で非課税のものはありません。日本の消費税はほとんどすべてのものにかかってくる税金です。お米、しょう油、トイレットペーパー…。こういう生活必需品には、ほんらい税金をかけてはいけないのです。なぜなら、生活がどんなにカツカツの人でも、お米やしょう油やトイレットペーパーは買わなきゃいけない。そこに税金がかかってくれば、生活がカツカツの人は「ますますカツカツ」になります。なにかをあきらめる生活になる。生活がむしばまれます。ゆとりを削り取り、貧困をより深刻にしてしまうような税金の取り方をしてはいけないのです。

人たるに値する生活を

生活を壊してはならない。貧困を生み出してはいけません。憲法25条は「健康で文化的な最低限度の生活」を保障する責任を国に課しています。日本でも、国の責任において制度や税金の集め方使い方を抜本的に改善し、教育も医療も福祉も、お金がないことで置き去りにされる人がいなくなることが必要です。安く住める住宅を公的責任で供給し、国として低所得者向けの家賃補助制度をつくる。失業者も誰ひとり見捨てず所得保障をして最低限の生活を支える。そうすればせっぱつまっての「労働力の安売り」がなくなります。生活を保障する社会保障制度充実のたたかいは、賃金をめぐるたたかいと同じだけの重要性をもっています。

生活費＋アルファ（ゆとり）が必要です。賃金が生活費だけで消えてしまう、カツカツだ、これでは人間らしい生活は営めません。労働基準法第1条では、「労働条件は、労働者が人たるに値する生活を営むための必要を充たすべきものでなければならない」と書いています。これは雇う側の人間、使用者への命令です。「人たるに値する生活」、つまり人間らしいゆとりある生活を営めるような労働条件で人を雇いなさい、ということです。とてもまっとうな定義だと思います。この基準で考えると、現在の法律で定められている最低賃金額（都道府県別）は、フルタイムで働いたとしても人間らしい生活を営めない水準のものですから、時給一五〇〇円程度への抜本的な引き上げが必要です。

ゆとりのあるなしは、生活の質、もっといえば人生の質を左右してしまいます。雇われて働く人にとって、「お金」や「時間」のゆとりを左右するのは労働条件です。労働条件を他人まかせにせず、労働条件こだわる。そこからまた次のステップが見えてくるはずです。

第3話 生活を左右する「働き方」

雇われて賃金を得る働き方

自分の労働条件について、みなさんはどう感じていますか？ そもそも労働条件について深く考えたり、だれかと議論する機会自体が少ないかもしれませんね。

まずは、労働者の働き方のそもそもについて考えていきましょう。その特徴は、「誰かに雇われて働き、賃金を得る」ということです。使用者と労働契約を結んで働きます。日本では約五三〇〇万人、就業人口の約八割がこの方法で所得を得ています。「雇われ組」がこの国の最大多数です。自営業者の方は約六〇〇万人、農林漁業（自営で）に従事する方は二〇〇万人ぐらいと言われています。

雇用関係（労使関係）というのは「力の差」が大きいのが特徴です。労働契約法の第２条には、「労働者とは、使用者に使用されて労働し、賃金を支払われるもの」とあります。雇われるとは、人に「使われる」働き方ともいえます。使用者の指揮命令で「私の働く内容」の枠が決められます。どこで、どんな仕事を、どれだけするのか、それを自分で決める裁量は小さいのが一般的です。いやな仕事も命令されたらしなければならないことが多い。ストレスのかかる働き方です。

まず労働時間をきっちり決める必要があります。二四時間だれかに使われる・管理されるというのは奴隷です。労働者は奴隷ではありません。契約している労働時間内では使用者に従い働くけれども、あとの時間は私の自由です、あなた（使用者）とは関係ありません。オンとオフの区切りをキリッと明確にしなければならない、それが雇われて働くという働き方です。一日の労働時間は、休憩時間は、休日はどれだけあるのか…。労働時間にこだわることは、私的な時間の過ごし方にこだわることでもあります。

ほかにも、労働条件にはさまざまな要素があります。賃金制度はどうなっているか、自分の希望する日に休めるか、仕事量に対して人員配置はどうか、労働者の意見が反映される職場になっているか…。まだまだあります。タイムカードはどこにあるか、働きやすい環境か、配置転換は、安全衛生は、有給休暇制度は、研修機会は、正規・非正規の割合はどうか…。職場にセクハラ・パワハラはないか、差別はないか。女性の方は、妊娠・出産・育児（これは男性も）にさいして安心して休暇を取ることができるか。マタニティハラスメントも最近問題になっています。思ったことがきちんと言える民主的な人間関係があってこそ、いい仕事もできます。

労働条件でいちばん目立つのは賃金で、労働者の関心も強いのですが、労働条件というのは、これらさまざまな要素の集合体であり、すべてひっくるめて「生活の質」「働きやすさ」が決まってきます。

労働条件はどう決まるのか

では、その労働条件は、いったいどのように確定するのでしょうか。労働基準法第２条では、

「労働条件は、労働者と使用者が、対等の立場において決定すべきものである」となっています。これは労使関係の原則として大事にする必要がありますが、じっさいは労働条件を決める力は圧倒的に使用者がもっています。決める力、というのは、具体的にいうと、労働条件を先に提示できる力、とも言えます。労働条件の交渉は言葉で行い書面で確認します。どちらが強くものを言えるか、どちらがものを言いにくいか。それは立場で決まります。

就職活動を経験された方はわかると思いますが、「賃金は手取り三〇万円でお願いします」など、労働条件を自分で提示しながら就職活動した人はいないと思います。できないのです。「いくらで働いてもらいます」という使用者が決めた労働条件が提示されて（されない場合も多くある）、そこに労働者が雇われるわけです。労働者はひとりでは労働条件の交渉はできません。それは働き始めても同じです。異動や配転、昇進・昇格などの人事権も使用者が持っています。労働者の立場はとても弱いのです。だから、一人ひとりバラバラな自由契約（交渉）にまかせておくと、労働条件は使用者の「言うがまま」になります。

でもよく考えてみると、使用者も労働者集団に頼っている存在です。労働者が職場に来て働いてくれないと職場は動きません。使用者だけではとても人数が足りなく、商品やサービスが生み出せないのです。使用者も、労働者に依存しているわけです。労働者あっての会社・使用者です。しかし現実的には「失業したら、生活困るよね」「あなたの代わりはいるから」と言えるため、使用者は立場が強い。労働者は一生働かなくてもいいような財産もないですし、雇われないとたちまち生活が困るので、ものが言えなくなります。残念ながら労働者を道具かモノのように扱う使用者もいます。

そうした人間関係の現実に、がまんすること、あきらめること、何も言わずに「適応」して

しまうのも人間です。でも人間であるからこそ、多くの労働者は、一人ひとりの生活や尊厳をまもるために、「おかしい」と声をあげてきたのです。使用者と対等に交渉するためには、何が必要か。ものが言えるには何が必要か。そのことを労働者は歴史的な実践をつうじて発展させてきました。その正当な手段が、労働組合と、労働組合による団体交渉・ストライキです。働きやすい職場をつくることと、生活をむしばむ「低賃金」や「働きすぎ」を防止するために、「みんなで交渉する」「みんなでたたかう」という方法です。その手段を、労働者の先輩たちは獲得してきたのです。

日本国憲法は28条で「勤労者の団結する権利及び団体交渉その他の団体行動をする権利は、これを保障する」とうたっています。これを労働基本権、または労働三権と言います。労働条件を対等に交渉するための「三つの手段」を法的に保護しなさいと言っています。労働組合で労働者の思いや意見をたばねて、みんなで使用者と交渉せよ、そして交渉するときにストライキ（仕事を放棄する労働組合のたたかい方）をかまえて、使用者に「譲歩をせまれ」と憲法はみなさんを力づけるのです。団体行動権（争議権）＝ストライキ権は、労働組合にだけ認められた特別な権利です。ストライキをしても、刑事上・民事上の責任は問われません。二〇〇四年に、リーグ再編問題をめぐってプロ野球選手たちでつくる「労働組合日本プロ野球選手会」が二試合ストライキを行いました。あのとき球団側には莫大な損失が出たわけですが、労働組合側はいっさい責任を問われませんでした。労働を放棄するというストライキは、いつの時代でも労働組合の切り札なのです。

憲法は一人ひとりの人権を守るものです。だから労働者に一方的に「肩入れ」するのです。憲法のテキストで有名な芦辺信喜さんの『憲法（第五版）』（岩波書店）は、この労働基本権について、「現実の労使間の力の差のために、労働者は使用者に対して不利な立場に立たざるをえない。労働基本権の保障は、劣位にある労働者を使用者と対等の立場に立たせることを目的としている」と述べています。

労働者は、ひとりでは労働条件の交渉がまずできません。交渉ができなければ、自分の働き方や生活については「他人まかせ」になってしまうことを意味します。だから憲法は、労働三権を無条件で労働者に保障して、対等の立場で使用者と交渉できるように応援しているわけです。これを使わない手はありません。私たちには憲法がついている！と思うと、労働組合への認識がグッと変わってくると思いませんか。

第４話　労働時間短縮の生活的意味

自由な時間そのものに価値

フランスではかつて「自由時間省」という政府の一機関があったそうです（一九八一年、ミッテラン政権のときに設立）。国民の余暇の権利保障を目的に、有給休暇日数を拡大。まとまった休暇であるバカンスを過ごすための諸施設もつくりました。経済政策の一環という意味も持つと同時に、国民が労働から解放されて心身ともにリフレッシュし、余暇を楽しむための社会的な仕組みをつくっていきます。自由時間そのものに価値がある。その社会的合意が根底にありました。

突然そうなったのではありません。国全体として有給休暇制度を獲得したのは、いまから八〇年ほど前の一九三六年。ファシズムに対抗するためにつくられた人民戦線政府の時期に、フランスの労働者たちが勝ち取った全国的な団体協約からです。当時は年間で二週間の有給休暇でしたが、労働者のたたかいによって次第に拡大。いまは夏などに一か月ほどの長期休暇を取ることが当たり前となっています。同じ先進国でも、これだけ休暇のとり方が違うのです。おどろきですよね。でも、これがあたりまえなのです。休みは人権、余暇は人権だからです。人権とは、私が私らしく、人間らしく生きていくために必要不可欠なものとして認識され、たたかいによって勝ち取られてきたものであり、誰にも奪えないものです。フランス人にとって、バカンスも人権なのです。

自由時間とは何だろう

国民の自由時間の拡大を政府がかかげて推進するということ自体、日本の「常識」にどっぷりつかっている私たちには驚きです。戦後長く続いてきた自民党政治や日本の経営者団体も、労働者や国民の自由時間を増やすことに積極的ではありませんでした。その証拠に、国際労働機関（ＩＬＯ）の労働時間・休日に関する条約（国際水準のルール）を、日本はいまだに、ひとつも批准していません。労働者に余暇をあたえないようにしてきたのです。ただ日本の労働組合運動も、労働時間短縮の要求は賃金を引き上げるたたかいに比べて、取り組みが弱かったという弱点があります。

働くことには価値があります。と同時に、自由時間にも価値があります。自由時間とは「何をするか選べる時間」であり、その人らしい人生や生活をつくるために欠かせないものです。生活には、「しなければならない」ことがたくさんあります。睡眠や家事や、仕事です。もちろん「しなければならない」ことの中にも喜びや楽しみをつくることは大事です。でも一定の枠をはめられ、行動の仕方を制限されている時間はやはり「自由な時間」とは言えません。

寝ることを中心とした休息時間。これは「しなければならない」ことです。体のメンテナンスをしなければ、私たちは生命活動の維持ができません。「寝るのが趣味」という人もときどきいますが（笑）、寝ながら散歩はできないし、寝ながらテニスもできません。寝るしかないのです。

所得を得るために働く時間も自由時間ではありません。働きながら映画は見ることがないし、働きながら居酒屋にも行けません。選べません。

家事や育児や介護などの家事労働時間も「しなければならない」部類に入ります。これは基本的に無償労働なので、所得を得る労働に比べると「価値が低い」とみられがちですが、とんでもありません。人間にとって家事労働も欠かせないもので、大切なものです。この問題は第5話でも考えたいと思います。

さて、二四時間から必要な「休息・労働・家事」を引いた「何をするか選べる時間」が自由時間です。普通に働く一日、みなさんには、自由時間がどのくらいあるでしょうか。

自由時間はどのくらいあるだろう

寝る時間を中心とした休息時間＋清潔を保つためにお風呂に入る、歯を磨くなどの「メンテナンス時間」を仮に一日合計八時間とします。二四時間から八時間をひくと一六時間です。「労働時間」も八時間とします。しかしこれは実労働時間であり、休憩時間や通勤時間はふくみません。休憩時間を一時間、通勤時間を往復一時間と仮にすると（もっと長い人はたくさんいると思いますが）、それで二時間です。つまり労働にかかわる時間だけで一〇時間使います。一六時間から一〇時間をひくと残り六時間です。

そして「家事労働時間」です。これは一人ひとりの環境や人間関係、価値観、子育て・介護のあるなしなどライフステージの相違、ジェンダー意識（男なんだから・女なんだから、という性別役割分業論）によって相当変化しますが、わかりやすく理解するために、家事労働時間を平均一日二時間とします。そうすると、結局残る「何をするかを選べる時間」（自由時間）は四時間となるわけです。一日二四時間もありながら、なにをするか選べる時間＝自由時間はたったの四時間というわけです。悲しくなりませんか。

しかしこれは労働時間を八時間と考えた場合であり、労働時間が九時間になれば自由時間は三時間に。労働時間が一〇時間（残業二時間）になれば、自由時間はわずか二時間です。

趣味、教養、学問、芸術、音楽、読み物、娯楽、テレビ、ネット、スポーツ、ファッション、食文化、団らん、ドライブ、地域・社会関係、交友、恋愛、ペット、散歩、遊び、旅、ぼんやり、ごろごろ、健康づくり、諸活動、ライフイベント、宗教、季節行事、自然や動植物とのふれあい…。自由時間をどんなことに使うのか。それがその人らしさをつくります。でも、自由時間が少なすぎます。足りません。ゆとりがもっと必要です。

労働時間が延長されるということは、自由な時間と生活が侵食されることです。仕事が生活を乗っ取ります。だから、雇われて働く労働者にとって八時間労働制は「人権のかなめ」なのです。自由時間を確保する、家庭でも地域でも「私が私でいられる」最低限のラインということです。同時に、八時間働けば、残業しなくても人間らしく生活できるだけの賃金を得られる権利です。

この八時間労働制は、世界の労働者たちの長いあいだのたたかいによって勝ち取られました。毎年五月一日に世界中で行われる労働者の祭典、メーデーの出発点も、八時間労働制を求めるアメリカ労働者のストライキでした（一八八六年〜）。人類の自由拡大の努力の結晶のひとつとして、いま私たちに手渡されているのが、八時間労働制なのです。

労働時間短縮の生活的意味

一日の自由時間を確保することと同時に、休日・休暇を増やすことも大事です。休日は、通勤時間もなく、拘束される時間が大幅に減るので、家事や自由時間にまとまって使えるのです。あわせて、休日をきちんと確保することは、健康で働き続けるために不可欠の条件です。休みをしっかり取りましょう。

とくに大事なのは「まとまった休み」です。日本はこの面でも国際水準から大幅に遅れています。一九七〇年にＩＬＯでつくられた有給休暇条約は、年間三労働週の有給休暇のうち、二労働週（つまり二週間）は分割できない、まとまって与えるようにしなければならないとされています。これが世界標準であり、日本の年次有給休暇制度は「連続取得」の仕組みがないのが致命的後進性となっています。また有給休暇の取得率も五割をきっています。仮に年間二〇日間の有給休暇のうち一〇日間を使わず放棄しているとすると、四〇年間で四〇〇日の放棄です。つまり生涯で約一年間もの正当な休暇＝自由時間を失っていることになります。たいへんな人生の損失です。

労働時間を短縮すること。それは労働組合や労働者のたたかいなしには進みません。自由時間が増えれば、「仕事以外のことにも価値がある」ことに気づく機会にもなります。長時間労働が恒常化すると、そのことに気づくことさえできなくなります。仕事は人生そのものではありません。それぞれが生活のなかで大切にしているほかの何かと組み合わせる要素のひとつです。

自由な時間はたんなる「遊び」の時間でもなく、自分が自分であることを確認し、生活を楽しみ、社会や地域のなかで人とつながって生きることの意味を創造する時間でもあります。労働時間を短くすることによって、私たちはそのことの意味を実感として味わうことができるのです。

あなたは、自由な時間を何に使いたいですか？

第5話　家事労働時間と生活・活動

家事労働のかたより

平日午後六時。スーパーに買い物にいくと、いつも気になることがあります。女性が圧倒的に多いのです。日々の買い物は女性がするもの、なんて決まりはありません。

保育園に預けている子どもさんのお迎えはどうでしょう。保護者の方が、夕方仕事を終えて迎えに行きます。いろいろな人に話を聞くと、「最近、朝の送りはたしかにお父さんの割合が増えたけど、迎えは圧倒的に女性」とのこと。こちらも、迎えは母親がするもの、という決まりはありません。でも偏りがあります。

「買い物」と「子どものお迎え」は、家事労働の部類にふくまれます。料理、洗い物、洗濯、掃除、お風呂、部屋の整理、服の手入れ、ごみ捨て、買い物、育児、介護…。家事労働というのは、これらの行為を総称して指します。人が生活していくために、あるいは尊厳をもって暮らしていくために、欠かせない働きです。

家の「なか」で行われることが多い家事労働ですが、「外」に現れるものとして、冒頭の「買い物」と「子どもの送り迎え」があります。買い物は毎日の食材や日用品を整えるために欠かせませんし、育児の一環でもある「送り迎え」も保護者の誰かが必ずしなければなりません。この、「誰かがしなければならない」というのが、家事労働を考えるポイントになります。必要で誰もがしなければならない行為なのに、実際には女性が多くを担っている。男性の姿が少ない。これ、へんだと思いませんか。

ちなみに働いている人にとって、家事労働は日々の自分の労働力をメンテナンスする役割ももちます。私たちは仕事で心身のエネルギーを多く消耗します。仕事から帰宅したときに、元気モリモリということはあまりなく、「ふー」とひと息つく感じ、あるいはドテッと横になって「つかれた～」となります。仕事で疲労するわけです。そこから、消耗されたエネルギーを再生産（補充）していきます。そうしなければ元気に働き続けることはできません。気持ちのよい環境で睡眠を取る、ご飯を食べる、お風呂に入る、好きな音楽を聴く、リラックスして自由な時間を過ごす、こういうあたり前の行為が、労働力エネルギーを回復させ、仕事への気力を養っているのです。家事労働はそれを支えています。家事労働はエライのです。

長時間労働が家事を困難に

読者のみなさんは、どんな家事労働を、どのくらいしているでしょうか？　まわりの人と具体的に状況を出しあってみると、おたがいの考え方や環境の違いをおもしろく感じるかもしれません。

一人暮らしの方は、すべてをやらなければならない反面、自分なりの手抜きもできる裁量が大きいと思います。複数以上の家族で住んでいる場合は、「分担」の仕方や比重がつねに問題となります。「誰がするのか」のモメゴトもあるのではないでしょうか。

「育児」と「介護」は、家事労働のなかでも、かなりの労力と時間を必要とします。人間相手のことですので、「放置する」ということができないからです。ただ、良質な公的サービスが保障されていれば、しっかりそれを利用して、負担を「外注化」することもできます。

家事労働は、人と人が支えあい認めあうケア的な行為という要素もあり、喜びにつながる反面、ひとりだけに集中的にのしかかると、その人をつぶしかねない危険ももちあわせています。とくに育児や介護の「集中」には注意が必要です。うまく「分担」「外注化」ができないとたいへんです。また家事労働は基本的に無償ですので、ひとりに集中すれば、その人は所得を得るための労働に出ることができなくなります。経済的自立を疎外する要因にもなってしまうのです。

最近は、家事労働に対して「女がするもの」という意識をもつ男性は減ってきており、「保育園の朝の送りは父親も増えてきた」のは、そのひとつの表れだと思います。ただ、やはり現実には、家事労働の負担、とくに育児や介護が、女性に重くのしかかるという現状があります。たとえば小さい子どもが病気をした、周囲に助けてくれる人がいない、両親のどちらかが仕事を休み、家で診なければならない。この場合、父親よりも母親のほうが休む場合が一般的には多いのではないでしょうか。少しずつ変わってきているとはいえ、「育児や介護はおもに女性がするもの」という、つくられた性別役割分業の意識（ジェンダー）や、有形無形の社会的圧力があるのです。

またなにより、日本の異常な長時間労働、残業大国という「壁」があります。夕方の買い物、保育園の迎えに男性の姿が少ないのは、「思いはあっても、行くことができない」側面が強いのです。家事労働の時間を会社に吸い取られているのです。

残業が前提の仕事と育児（家事）は両立が困難です。仕事を辞めざるをえない人もたくさんいます。そしてその多くは女性です。長時間労働は、女性を労働市場、とくに「正規で働き続けること」からはじき出しているのです。男性からは、「父親として成長する時間と機会」「育児の喜び」「日常の生活力」を奪っています。

家事労働と活動のあり方

この家事労働の問題は、労働組合をはじめさまざまな運動にも影響しています。女性が活動の中心を担っている労働組合もありますが、多くの労働組合は、まだまだ男性役員が多いのが現実ではないでしょうか。

労働組合の活動は、基本的には仕事以外の時間をつかって行います。夜の会議や集会、休日などが「組合活動の時間」になります。でもそれは、貴重な「自分の時間」でもあり、「家事労働をする時間」でもあるわけです。労働組合の活動の時間は、私的な時間とぶつかる宿命にあるのです。

たとえば組合の役員になると、会議や集会などに参加する機会が増えます。それは自分の視野を広げたり真剣な議論で問題解決の力を生み出す時間にもなりますが、家にいる時間は減り、家事労働時間も少なくなります。大切で意義のある組合活動の時間だからこそ、みんなで分担でき、支えあい、ひとりに活動が集中しないことが大切です。組合活動の時間と、私的な生活時間、どちらも価値があるからです。

日本では女性に育児や介護の負担が集中してしまっているので、どうしても「夜の会議は無理です」「休日も子どもがいるので」となり、女性が組合活動などに関わることが難しくなるということがあると思います。

いちばんのカギは、やはり長時間労働を規制することです。具体的には残業の法的規制を根本的に強化する、育児期間には柔軟に労働時間を短くできる制度、育児・介護休暇を男性もあたりまえに取得する、などです。

男性も女性も仕事や家事労働にゆとりをもって向かえれば、分担もしやすくなり、活動などにも女性が参加しやすくなるのではないでしょうか。もちろん現状でも、女性が参加しやすくなる活動のあり方は、おおいに工夫する必要があります。

家事労働は「しなければならない」ものですが、それは同時に、仕事では得られないたくさんの発見や人間的成長をもたらしてくれるものでもあります。家事労働には、人間らしさを味わうさまざまな価値がある。その社会的合意が根本では必要ではないでしょうか。

第6話　政治・民主主義と私たちの生活

政治のこと、話題にしづらい

政治が好きか、嫌いか。単純に二者択一でそう問われれば、多くの人は「嫌い」と答えると思います。理由はその人その人で違うとは思いますが、いまの日本の政治に良い印象をもっている人は少数でしょう。それだけが理由ではもちろんありませんが、選挙の投票率は高くありません。

人間、好きではないもの、イメージが悪いものに「関心をもちましょう」「当事者として考えましょう」と言われても、そう簡単ではありません。そんなものに自分の生活の時間をさくよりは、楽しいことと美しいものを味わいながら生活がしたいと思います。当然ですよね。

誰にでも手の届く、参画するものとして、政治が実感されていません。自分たちの声を政治家が聞いているとも思えない。結局誰がやっても同じ気がする。金と権力の汚い世界だろう。言葉が難しい。私ひとりが動いても変わりそうもない…。だから、政治との「距離」を置くこと、できるだけ関わらずに「流して」しまいたくなります。それがいちばんラクで、無難ですから。でも、「私の生活」から政治を追い出したとしても、政治は一人ひとりの生活のあり方を左右する力をもっています。

政治ってなんでしょう。たとえば国会議員は何をする人たちでしょうか。ざっくりいえば、法律をつくることと、税金の集め方と使い方を決めることができる人たちです。もうひとつ言えば、行政の仕事を監視するのもお仕事です。法律と税金、行政。なんとなく遠い話のような、でも身近な話でもあるような、という感じでしょうか。

政治と「私の生活」がなかなか結びつかないのは、職場や地域のなかで、家庭のなかで、友達とのあいだでもそうした話題になることが少ないのも一因としてあると思います。話題になっても話が深まらない、あたりさわりのない会話で終わってしまうことも多いかもしれません。

冒頭にあげた「印象の悪さ」に加え、日常的な生活空間、職場のなかで政治の話題になりにくいのは、具体的な人間関係のなかで「話題にしづらい」こともあります。何を言ってもいい自由な空間、フラットな人間関係であれば、さまざまな意見が表出されて、議論も生まれやすい。政治的な議論ができるためには、民主主義的な空間と人間関係が必要です。でも人間集団のなかには、かならず力関係が生まれます。たとえば職場では雇うもとの雇われるものという厳然たる力のベクトルが存在し、雇われる側（つまり労働者）が自由にものを言えるかというと、簡単ではありません。家庭でも同じです。具体的な人間関係のなかで力をもっている人が必ずいますので、自分の思いを表出する、ということはなかなかたいへんなのです。上司と部下、知識のあるなし、年齢の違い、ジェンダーなども、力関係としてあらわれ、「自由な意見表明」をしにくくさせます。政治的な意見を自由に出せることのできる民主主義的空間・人間関係をつくるというのは、とても難しいことなのです。

練習が足りない

もうひとつ、政治の話題になりにくい理由としては、「練習が足りない」のです。多くの人、とくに若いみなさんは、政治を話題にした会話に慣れていません。残念ながら学校教育でもそういう訓練の機会が少ない。さらに家庭でも政治が話題にならなければ、訓練をする場がないわけです。テニスのラリーを思い出してください。お互いに練習を積み重ねている人どうしのラリーは、白熱しますし、おもしろいですよね。気持ちのよい真剣勝負もできます。でも一方は上級者、もう一方はまったくの初心者だとどうでしょう。ラリーはなかなか続きません。政治の会話も同じではないでしょうか。初心者は上級者相手だとどうしてもラリーをすること自体を遠慮してしまいますし、「初心者だから」という理由でプレーや練習自体を避けてしまうかもしれません。

「政治に熱い」人がまわりにいること自体はよいことですが、「今の政治のここが問題だ」「こうであるべきだ」ということを一方的に熱く、私の生活との関わりを語ることなく投げかけてきたら、「うっとおしいな」と感じることもあるかもしれません。でも、政治はなぜ人を熱くするのでしょう？　それだけのエネルギーをそそぐ価値がどこにあるのでしょうか？　ぜひそこを考えてみてほしいと思います。そして「もっとわかるように話をしてください」とそっとひと言、伝えてほしいと思います。

集会と結社は民主主義に不可欠

二〇一五年、安保関連法（戦争法）に反対する運動がこれまでにない質と規模をもち、若者たちから「民主主義ってなんだ？　これだ！」の言葉が発せられました。さまざまな人が当事者として「自分の言葉」を発し、意思決定に参画していくことを民主主義というならば、まちがいなく日本の民主主義は一歩大きく、前に踏み出したと思います。それは、私たちの「政治に関わる言葉」の訓練の機会がさまざまな場所に生み出された、という意味ももっています。

この「街頭での民主主義の発露」を、身近な生活空間や人間関係、そして職場でも芽吹かせていく努力が必要です。国会前で「憲法まもれ！」と叫ぶことができる人が、ほんとうに身近な人と政治の話ができないという状態を、どう克服していくかです。

その意味で私は、憲法21条で基本的人権として位置づけられている集会の自由、結社の自由の大事さを強調したいと思います。集まれば、「～しあう」という関係性が生まれます。話しあう、聴きあう、励ましあう、支えあう、助けあう、学びあう、教えあう…。多数の人が集まれば、さまざまなことが生み出されます。一人ひとりがエンパワーされる（力をつける）のが集会の場なのです。

そして人が集まることを継続的・目的意識的に行っていくのが結社（組織・団体）です。安保関連法反対運動のさいには、さまざまな集会が無数に行われ、自主的結社が多彩につくられました。集会も結社も、民主主義の大事な「器」です。集まることで伝えあいがうまれ、高まりあいの機会になります。それが無数に、多様に生まれることは、民主主義的訓練にとって必要不可欠なことです。労働組合は、そうした民主主義的結社としても大きな役割をもっています。

立ちどまるには仲間と場が必要

政治のことを知ろうとしたり、さまざまな人と議論をすることは、エネルギーと労力をつかいます。政治とはいったいなんなのか。誰のためにあるのか。いまの政治の何が問題なのか。政治に参画するとはどういうことなのか。問いかけ、立ちどまるには、力が必要です。その力とは具体的にいえば、仲間の存在と場があるかどうか、だと思います。生活や仕事の身近に、自由に参画し、学びあい議論し、当事者として自分の言葉を発していける集まりや結社があれば、私たちの政治的・民主主義的感覚・知識は鍛えられ、主権者として、生活空間のなかから、政治の言葉を紡いでいくことができるようになります。くり返しますが、労働組合はその場のひとつです。

憲法をないがしろにし、私たちの生活や人権が置き去りにされる政治が続いています。一人ひとりが尊重されるという民主主義の大原則が、私たちの日常生活のなかで、実感できていません。でも逆に民主主義を力強く自分たちの社会に根づかせていくこと、しみ込ませていくことで、私たちの生活や政治は変わり、それが主権者である私たちの未来を育てていきます。

「民主主義ってこれだ！」を身近な生活空間・人間関係のなかで実感できたとき、この国の民主主義は本物になります。そのための不断の努力を、仲間と楽しく、広げていきませんか。

第2章　「働くことをたんけんする」

第7話　働くってなんだろう

無数の働く人が社会を支えている

私たちの身のまわりには、モノがたくさんあります。モノだらけです。道路も信号もモノです。建物もモノです。モノのほとんどは、「誰かがつくったモノ」です。でも私たちは、「誰がつくったのか」を知らずにそれらを使っています。眺めています。スーパーやコンビニに買物に行っても、並んでいる商品ひとつひとつは、誰がつくったのかわかりません（会社はわかりますが）。どこで、どんな人たちと、どのような工程でそれらの商品がつくられているのか、見えません。

私たちが生きている資本主義社会では、いつの時代でも共通する「人と人との支えあう関係」が、モノとモノ、もっといえば「売った・買った」の関係に大きく代替される、という特徴があります。「つくる」と「つかう」の間に売買関係（市場）が介在し、生産者と消費者が出会う機会がほとんどありません。

資本主義社会では、ほとんどの労働生産物が「自分でつかう」ためではなく、「売る」ためにつくられます。服もそうです。トイレットペーパーもそうです。この本もそうです。「売る」ためにつくられた生産物は、市場で「商品」となります。目にはみえませんが、商品にはそれをつくりだした人びとの労働がつまっています。この本や紙、誰がつくってくれたんでしょう？（書いたのは私ですが）ありがとうございます。たいへんお世話になりました。

衣食住をはじめ、生活や文化にかかわるほとんどすべてのものは、誰かがつくりだし、供給してくれたものです。さまざまな人がさまざまな場所でさまざまな仕事をしているからこそ、一人ひとりの生活が成り立っています。具体的な仕事はそれぞれ違うけれども、無数の働くひとの労働が、社会を動かし、社会を支えているのです。働くことはその意味で社会的価値をもっています。

働くことの意味について

ただ、「なぜ働くのか？」の個人的な目的や動機づけは、とても多様です。あまり固定的に考える必要もなく、仕事内容や環境や年齢によって意味あいも変わっていきます。まず、多くの人にとっては「生活のため」という前提があります。お金を手に入れるために働くのです。ただ他にも、人の役にたちたい、ほしいものを買いたい、自立したい、自分の成長につながる、この仕事が好きだから、社会とつながっていたい、家族を養うために、人との出会いを求めて、自分の使命として、生きがいとなっていて…など、さまざまな「意味」を付け加えられるのが、働くということです。ひとくくりに語ることがなかなか難しいです。

働きはじめると、経験のなかから、「働くとはこういうものだ」という自分の「見方」「考え方」が育ってきます。体験や実感からつくられる「自分の考え」なので、強いです。ときにはそれが信念にもなります。でも「自分はこう思っている」ことが、他の人も同じように思っているとはかぎりません。職業や生活環境によっても見方が変わります。だから「働くこと」に

ついて、お互いの考えを出しあって交流することが大事です。

若いみなさんにぜひ読んでほしい吉野源三郎さんの名著『君たちはどう生きるか』（岩波文庫）のなかで、主人公のコペルくんに、相談役のおじさんがこんなアドバイスをしています。「自分たちの地球が宇宙の中心だという考えにかじりついていた間、人類には宇宙の本当のことがわからなかったと同様に、自分ばかりを中心にして、物事を判断してゆくと、世の中の本当のことも、ついに知ることが出来ないでしまう。大きな真理は、そういう人の眼には、決してうつらないのだ」と。

働くことに対する考えも、これに似ています。「働くって〇〇だよね」という自分の経験にもとづく考えは、認識の出発点になるもので、大切にしてほしいと思います。同時に、認識をより深め、本質をつかもうと思えば、やはり社会科学を学ぶことが欠かせません。働くとは何かを、他の動物との比較や、社会のあり方との関わりで、また人間の歴史のなかでつかむのです。

自分自身の経験と、社会科学の認識があわさることによって、「働くこと」を奥深くとらえることができるようになります。それは、働くなかで様々な問題に直面したさいに「経験だけで判断しない力」（科学的判断）になります。客観的に問題の本質をとらえる力になるのです。

労働を社会科学の視点で

「労働すること」を、もう少し掘り下げてみましょう。人類は大昔から労働を通じて社会と生活を維持し、居住環境を整えてきました。知識や技術を増やし、モノや文化を創造してきました。労働が人間社会と人間らしさをつくったのです。決定的なのは、二本足で立ったこと。手によって道具をもち自然に働きかけ、あらゆるものをつくりだしていきました。みなさんのまわりにあるものも、ほとんどが人間の労働、人間の手で生み出されたものです。いまは機械やIT技術もすごいですが、もとをたどればすべて人間の手がつくりだしているものです。

労働が社会を支え人間らしさを生み出してきました。であるならば、それはほんらい喜びや誇りであるはずです。でも、日本社会の働くひとの現実は・・・。「人間らしい働き方」とはいえない状況がまんえんしています。喜びや誇りを感じられないほど、仕事がゆがんでしまうこともあります。苦しく感じることもあります。「なぜそうなのか?」を分け入って考えることが大事です。

みなさんは、「労働者」という言葉をどうイメージしますか。じつはこれも社会科学の定義があります。たんに「働くひと」ではありません。単純にいうと、「雇われて働くひと」です。つけ加えると、「雇われないと困るひと」です。学生さんは就職活動をしますが、あれは自分の雇い主を探す行為です。そして就職しなくても生活に困らないという人は、ほとんどいません。

自分の労働力を雇い主(社会科学では資本家といいます)に時間決めで売り、その対価としての賃金を得る。それでさまざまモノやサービスを買い、生活を営む。生きていくためにそれしか方法がない。これが労働者です。

第7話　働くってなんだろう

　雇う人間が資本家、雇われる人間が労働者です。社会を成り立たせている多くのモノやサービスはこうした雇用関係のなかでつくられています。資本家は、所有する職場と労働者のもつ働く力（労働力といいます）を結びつけ、商品をつくりだします。労働者の立場からいえば、毎日職場のもとに時間通りに通勤し、仕事をするということです。自宅から離れた場所に毎日毎日移動するという「通勤」は、こうした雇用関係特有のものです。

　なぜ労働者という存在が生まれたのか…。そもそも資本主義社会とはどういう社会なのか…。なぜ失業や貧困が生まれるのか…。こうした社会科学のそもそも論をつかむことで、「働くこと」をもっと大きい視野でとらえることが可能になります。ぜひ、学んでいきませんか。

第8話　労働力という商品を大切にしよう

エネルギーをつかうという共通性

一日の仕事が終わりました。達成感、疲労感、充実感、後悔、不満、嬉しかったこと・・・その日の仕事を振り返ると、いろいろな思いが湧いてきます。

そして、「はー、今日もよく仕事した！」「疲れた～」「もうクタクタ」「今日はそんな大変じゃなかった」「やれやれ」「ようやく終わった」など、その日その日で表現はそれぞれ違うと思いますが、こういう言葉、仕事が終わったあと、使いませんか。職場の人とかわす別れのあいさつは「おつかれさまでした！」。

さて、そこに共通するものとはなんでしょう。職場によって、職種によって、あるいは立場によって、具体的な仕事内容はそれぞれです。職場での働き方には違いがあります。世の中にはほんとうにたくさんの仕事がありますから。でも、仕事が終わったそのとき、私たちには共通することがあります。それは、「エネルギーをたくさん使った」ということです。精神的にも肉体的にも。

もちろん、私たちは生きているかぎりいつだってエネルギーを使っています。呼吸することもエネルギーを使います。ただ考えているだけでも消費しています。でもエネルギーをたくさ

ん消費する時間と、エネルギーをあまり消費せず、逆にエネルギーを自分のなかで生産する（貯える）時間、というものがあります。エネルギーを生産する時間とは、具体的にいえば、休息（睡眠）時間や食事・入浴時間、あるいは生活のなかでリラックスする時間、などでしょうか。「スッキリした」「充電できた」という瞬間、身体のなかのエネルギーが回復したのです。見えませんが。感じるだけです。体温とか血圧のように、「エネルギーはいま○○」と数値化できれば分かりやすいのですが・・・。

一日二四時間のなかで、私たちは朝起きて職場に通勤し、仕事をし、夕方から夜にかけて仕事から解放されて帰宅します（日中のお仕事の場合）。朝起きたときは、わりと元気です。まとまった睡眠をとった後ですから。エネルギー補充で決定的に重要なのは睡眠です。そして朝ごはんも食べて、さあ元気に職場へ！・・・そこから四時間、六時間、八時間たつと・・・、どうでしょうか。「疲労」してきますよね。働くということは、たくさんのエネルギーを使うからです。これを「労働力の使用」といいます。働くための肉体的・精神的・知的エネルギーのことです。この労働力は、エネルギーなので、目にみえません。私たち一人ひとりの身体のなかに備わっていて、満タンになったり、もう残り少ないです！という状態になったりします。エネルギー量は自分の身体の「感覚」で測る部分があるので、扱いが難しい。でも労働力エネルギーは、みなさんの中にたしかに「ある」のです。

労働者が使用者と労働契約を結び、賃金と引き換えに売っているものは、この「労働力エネルギー」です。労働そのものは売れません。なぜなら職場を所有しているのは使用者ですから。職場の土地や建物や機械・機材など（社会科学ではこれらを生産手段といいます）を労働者はもっていません。職場の「働く手段」と、労働力エネルギーが結びついてはじめて、「働く」ことができます。だから労働は売れないのです。労働者が売れるのは、自分の身体に備わっている「労働力」というエネルギーなのです。これを自らの商品として、時間を決めて、日々売り続けるのです。そして賃金を得て生活します。

労働力商品しか売るものがない

労働者には、目に見えやすい（評価しやすい）「ちがい」がゴマンとあります。民間で働いている公務で働いている、正規で働いている非正規で働いている、大企業で働いている中小企業で働いている、下請けで働いている元請けで働いている、屋外で働いている屋内で働いている、男性と女性、賃金の多い少ない、資格がある資格がない、職種も仕事内容も、ほんとうに千差万別です。

労働者の「ちがい」は対立や競争、差別を生む原因になり、共通点は手をつなぐための一致点になります。ちがいはすぐに目につきますが、共通点は学ばないと見えてきません。

では労働者の共通点とはなんでしょうか？　一つひとつの具体的なちがいを取り除いていくと…、「はー今日も仕事したっ」ということ。エネルギーの消費です。そしてそのエネルギーを使用者に「使わせている」ということです。労働の成果は労働者にも喜びや成長をもたらしますが、その成果を利益として得るのは資本家です。この労働力エネルギーの「売り手」

であるということは、どんな労働者にも共通しています。そして「それしか売るものがない」ということろも一緒なのです。この共通点は学びを通じて意識化されるものです。

労働者は、他に売るものがないので、約四〇年間（いちおう年金できちんと生活することが可能であると仮定して）、定年までは労働力という商品を他人に売り続けなければなりません。だから、労働力商品を大切に扱うことが必要です。賃金の本質は、エネルギーの適切な再生産のための、ゆとりのある生活費です。だから労働力の安売りはだめです。労働力の酷使なんてもってのほか。きちんとていねいに扱い、正当な対価も求めてください。なにしろそのエネルギーを使うことで、資本家には賃金としてあなたに支払った以上の価値がもたらされるのですから（これを搾取といいます）。

労働力商品を酷使させない

資本主義社会は、より多くの利潤を求めて、労働力エネルギーの酷使や買い叩きが起りやすい特徴があります。資本の動きをほうっておけば、労働者の生活などおかまいなしに、人間である労働者をモノや道具のように扱い、利潤の最大化をはかります。そうしたことから労働力商品を守る必要があります。つまりそれはあなたの体を心身ともに守るということです。それを自己責任にしてはいけません。労働者一人ひとりの立場は弱いからです。労働者の先輩たちは労働組合や政治的なたたかいを通じて、「働くルール」を一つひとつ勝ち取ってきました。それは労働力商品を資本の横暴から守るバリケードなのです。八時間以上労働力商品を使用してはならない、労働条件の一方的引き下げもダメ、休日もきちんと与えなければならない。こうやって法律ですべての労働者の労働力を保護するのです。それが、労働法がある根本的な理由です。労働者にとって、かけがえのない唯一の売り物なんですから。

ＥＵ（ヨーロッパ連合）諸国が、勤務から次の勤務までのあいだに連続十一時間の休息（インターバル時間）を設けることを法律で決めているのは、労働力の回復を時間的に保障する意味もあります。たとえば夜一〇時まで残業で働いて、翌朝七時に出勤なんてことになれば、九時間しか「エネルギーを補充する時間」がありません。通勤時間なども考慮に入れれば、睡眠時間が削られるのは目に見えています。エネルギーが回復しないまま次の仕事が始まります。疲れが蓄積されていきます。ＥＵ諸国ではこういう労働力の使い方を使用者はゆるされません。かならず労働から労働のあいだを十一時間空けないといけないのです。もちろん生活時間の保障という意味もありますが、そうやって労働力商品を保護しているのです。

労働力商品をもっているのは、人間です。でも人間は商品ではありません。商品を所有している「尊厳をもつ個人」です。「個人」とは、近代社会になって登場してきた概念で、人権の主体・担い手としての人をさします。日本国憲法は13条で「すべて国民は、個人として尊重される」とうたっています。一人ひとりが取り替え不可能な「個」として、自分の生命や自由、そして生活や幸福追求を自らつくりだしていく存在です。職場での働き方も、労働力商品の販売でも、労働者は一人ひとりが尊重されるべき、個人なのです。

第9話　余暇時間と労働時間

からっぽの器に何を入れるか

「時間がもっとたくさんあったらなあ！」という思いをもったことはありませんか。たとえば一日が三六時間ぐらいあれば！とか。三六時間なら、寝る時間に八時間、仕事に一〇時間（通勤時間や休憩時間ふくむ）、家事に二時間としても、残りが一六時間（！）もあります。自由な時間が一六時間あれば、自分の好きなことや、学びたいことができますし、人との交流も活発になるのではないでしょうか。ぼんやりと考え事をする時間もたっぷりありますよね。

時間は「うつわ（入れ物）」です。そこに何を入れていくのかは自分しだい（もちろん何も入れなくても構わない）。睡眠や仕事や家事は、すでにうつわに中身が入っていて、入れ方や盛りつけ方は工夫できますが、なんでも自由に、というわけにはいきません。空っぽのうつわ、そこに何を入れていくのかを選べる、それこそが自由時間です。空っぽのうつわが大きければ大きいほど、いろいろなものを入れることができます。生活にゆとりが生まれ、人生がもっと楽しくなると思いませんか。

でも、時間は一日二四時間。一年三六五日。これは万人に共通です。したがって、一日の労働時間の長さ、年間の休日・休暇がどれだけあるかによって、空っぽのうつわの大きさが決まってきます。

トマス・モアという思想家が『ユートピア』という人類の理想郷を描いた本があります（初版一五一六年）。そこで生活している人びとの想定労働時間は六時間となっています。「ユートピア人は昼夜を二四時間に等分し、その中僅か六時間を労働にあてるにすぎない。すなわち、午前三時間の労働、正午には直ちに昼食、食後は二時間の休息、その後で再び三時間の労働、次に夕食、―とこういう風になっている。夕方の八時頃、彼らは床につくが、睡眠時間には八時間あてている。空いている時間、つまり、労働・睡眠・食事などの合間の時間は各人が好きなようにつかっていいことになっている」（岩波文庫、82ページ）

五〇〇年も前に、労働時間を短くすることが人間の幸福につながる、ということを考えていたということは、なんだかおもしろいですね。空いている時間は、「好きなようにつかっていい」というのは、自由時間の本質をついています。でも、モアのように理想を描いただけでは、現実は変わりませんでした。

労働時間の問題を科学的に解明したのはドイツ生まれの革命家、カール・マルクスです。主著『資本論』で、資本主義がいかに労働時間をのばしてきたのか、それがどれほど非人間的であるかを、イギリスの実態を紹介しながら徹底的に告発しました。そして結論として、労働時間は資本家と労働者のたたかいによって長くもなり、短くもなると指摘し、労働組合による労働時間短縮のたたかい、法律で労働時間を規制することの意義を語っています。マルクスは、「時間は人間の発達の場である」と書いています（『賃金、価格および利潤』）。自由時間の拡大、そのことによる個人の自由な発達こそが、資本主義を乗り越えた未来社会の特長になる。マルクスは人類の発展をそのように見通したのです。

八時間労働を守る生活的意味

　未来社会にいかないまでも、長時間労働が蔓延する現代日本においては、八時間労働を厳格に守るというだけでも、生活的意味は大きいと思います。

　二〇一六年七月に行われた参議院選挙・神奈川選挙区で立候補した、あさか由香さん（惜しくも落選されましたが）の勝手連グループが、選挙期間中にネットキャンペーンをしていたのですが、そのキャッチコピーがたいへん秀逸でした。

「八時間労働ならうまい酒が飲める」

「八時間働けばふつうに暮らせる社会っていいね。大切な人と、もっと時間を共有したいから」

「ママの私、会社員の私、ただの私。八時間労働ならどれも諦めなくていい」

　八時間で仕事が終わる。残業を前提にした仕事のスタイルをやめる。そうすれば、おいしいお酒も飲めるし、大切な人と過ごせる時間ができる、いろいろな役割から解放されて「ただの私」でいられる時間もつくれる。つまり自分らしい生活が送れる。労働時間を規制する生活的意味が鮮明になるフレーズで、ほんとうにそういう社会にしたいという気持ちを湧かせてくれました。

　そのために不可欠なことは、職場のなかでの労働組合による労働時間短縮・休日増のたたかいです。あわせて、政治による労働時間への規制強化・労働基準法の抜本改正です。どちらも

欠かせません。そしてたたかいを進める根源の力は、自分の生活はかけがえのないものであり人権である、という認識と不断の実践です。人権の上に企業の論理を置いてはいけない。この原則が社会全体のものになることが必要です。

社会変革と自由時間・余暇の拡大

自由時間がたっぷりとあることは、何をもたらすでしょうか。好きなことをしたり、旅に出たり、ぼんやりしたりする時間が増えます。もうひとつ、強調したいのは、学ぶことができる、ということです。「余暇」という言葉は、ギリシャ語のスコーレ（skhole）に語源をもちます。英語のスクールのもとの言葉です。スコーレは、「余暇。自由な時間、学問」を意味していて、自由な時間があってこそ、学ぶことができる、という意味があるのです。学ぶ時間をつくりだすためにも、余暇が必要なのです。

弁護士の藤本正さんは、『時短革命』（花伝社、一九九三年）という著書のなかで、日本の労働者の「知的批判精神の喪失」ということを指摘されています。

「超過密の長時間労働と長時間通勤とは、働く者が家に帰りついたとき、本を読む気力をも奪った。休日とて同様である。それは社会の矛盾を学び、そのことを通じて『社会的弱者を守る』という、働く者の本来もつべき姿勢すら後退させた。…長時間労働は、一時的には企業にとって利益をもたらすだろうし、考える力をもたない国民の存在は、支配層にとってみると、社会の秩序の保持にとって好ましいことのようにすらみえる。しかし、本当にそうだろうか。働く者から知的創造性・批判精神を奪っておいて、真に企業や社会の発展はない。…われわれは、余暇の拡充の問題を、進行している働く者の知的貧困化現象にストップをかけ、働く者の豊かな知的批判精神の形成をはかる問題としても、考えなおさなくてはならない」

さまざまな場をつくり集まることも、活動することも、自由な時間が必要です。社会を変革していく根本問題として、自由時間・余暇を拡大する取り組みをすすめていくことが、切実に求められています。

第10話　働き方と人権

人権はどんなときに問題になるか

「『不良品をよこすなよ。とっとと返品して』　それは、〝妊娠している派遣社員〟の私のことだった」（小林美希『ルポ 職場流産』岩波書店）

妊娠した労働者は「使えない」。そんな使えない労働者をよこすな。信じられない発言だと思います。人と人との関係が、このようにゆがんでしまうのは、なぜでしょうか。相手を人間とみない。モノや道具のように扱う。それは、人間性をおとしめていることになります。人権に対する侵害です。

人権は、どんなときに問題になるでしょうか。人権問題が発生しやすい「条件」とは何かについて、考えてみたいと思います。

設定その1。無人島にひとりで生活しているときに、人権が問題になるでしょうか。なりません。人権問題は、人と人との関係のなかで発生します。

設定その2。親友同士・あるいは人間関係がフラットかつ良好な関係のなかで人権問題が起こるでしょうか。基本的には起りません。

人権問題とは、人間関係のなかで発生し、かつ強弱、力の差がはっきりしている関係性のなかで「起りやすい」のです。立場や力の強い人が、弱い人のことを尊重しない、自由を奪う、無視する、モノのように扱う、従属させる、などです。
人権とは、「私が私でいられる」ための自由や権利のことです。それは人間関係のなかで奪われるリスクがあります。

人権侵害が起きやすい労使関係

歴史的にみて、人権をいちばん侵害してきたのは国家権力です。国家と国民との関係のなかで、「国家にたて突くものは許さない」「○○という思想自体が監視・処罰対象だ」「国が決めた宗教以外は認めない」「国の戦争のために徴兵の義務を課す。財産も没収する」「いくら生活が苦しくても税金を払え」など、国民一人ひとりを国家の付属物・従属物のように扱い、「私が私でいられる」ことの上に君臨してきたのが国家です。だから近代社会ではその反省をふまえ、国民の人権を守るために、国家権力にたいして縛りをかけました。それが憲法です。憲法は私たち「が」守るものではなく、私たち「を」守るものです。憲法を守らなければ国家権力の担い手にはなれないという国民と権力担当者の「約束事」であり、憲法を守って国の仕事をしろと命じている「命令書」です。

他にも、人権侵害が起きやすい人間関係の領域があります。それが労使関係です。冒頭の派遣労働者の例もそうです。雇う人（使用者）と雇われる人（労働者）の関係は法的には対等ですが、実質は雇う側のほうが圧倒的に立場が強い。力の差がはっきりしているため、労働条件は使用者の都合が優先されやすくなります。極端な低賃金や長時間労働がはびこったり、労働者の生活などおかまいなしに転勤させるとか、さまざまなハラスメント、過労死も起きてしまいます。そこで憲法は、労使関係に介入します。

介入その1。労働条件や労使関係の基準を法律で定め「使用者に守らせなさい」と国家に命令します。27条2項です（「賃金、就業時間、休息その他の勤労条件に関する基準は、法律でこれを定める」）。これを根拠に一連の労働法がつくられています。その中心は労働基準法です。

介入その2。労働者が労働組合をつくり団体交渉して労働条件を労働基準法以上のものに改善・向上することを全面的にバックアップします。憲法は、労使関係のうち労働者のほうに一方的に「肩入れ」しています。それが28条の労働基本権です。団結権・団体交渉権・団体行動権の三つを法的に保護し、労働者のたたかいを応援し、力づけます。

労働者が団結し労働条件を交渉する。ときにはストライキも構えてたたかう。このことなしに、労働者の人権は守れません。使用者と対等になれないからです。正当な労働条件にこだわり、声をあげることは、「私が私でいられる」ことを保障するものです。

人権感覚をみがくために

もう少し人権について分け入ってみます。人権の核になるものが「人間の尊厳」「個人の尊厳」という価値観です。尊厳とは、人間を非人間的に扱ってはならないこと、人間としてふさわしい扱いをし、一人ひとりを尊重すべきことを意味します。ここで問題になるのは、ではいったい「人間としてふさわしい扱い」とは何か、どんな基準か、ということです。これを自分のなかで持っていなければ、「尊厳が侵害されている」「これはおかしい」となりません。

さらに人権感覚の難しさは、ハッキリ目に見えないことです。自分のなかにある尊厳は、体温や血圧のように実測・数値化できるものではありません。歴史のなかで一つひとつ勝ち取られてきた自由や権利も、歴史を学ばなければ、その感覚自体が育ちません。学校教育や職場などで、「人間にふさわしい」基準を考え議論する機会が少ないことも、人権感覚が育ちにくい背景にあると思います。

人間は、劣悪な環境、非人間的な扱いを受けていても、ある程度それに順応することができます。とても適応力が高いのです。「しょうがない」「どこもこんなもんだ」「働けるだけでしあわせだ」「下をみろ下を。まだマシじゃないか」と、人間らしさの基準は、ほおっておくと、スルスルと、どこまででも下がっていきます。

第二次世界大戦中、ナチスの強制収容所に収容させられた、精神科医のV・E・フランクルは、有名な『夜と霧』という本のなかで、こう述べています。

「人間はなにごとにも慣れる存在だ、と定義したドストエフスキーがいかに正しかったかを思わずにはいられない。人間はなにごとにも慣れることができるというが、それはほんとうか、ほんとうならそれはどこまで可能か、と訊かれたら、わたしは、ほんとうだ、どこまでも可能だ、と答えるだろう」（池田香代子訳・みすず書房）

どんな非人間的な環境でも、労働条件が劣悪であっても、人間はそれに慣れていくのです。だから大事なことは、「人たるに値する生活」（労働基準法第1条）とは何か、そのための労働条件はどうあるべきかを、みなで議論し、その水準を高めていくことです。

『学習の友』という月刊誌に、都留民子さんが書かれていたことに目をみはりました。「フランスの貧困指標の一つとして、『過去一年に一週間以上の旅行をしなかった』という項目があり、貧困家庭の子どもたちには自治体や民間福祉団体によって海や山への旅行が組織されています」（「フランスの労働者生活を支える、短い労働時間と余暇」、『学習の友』二〇一六年八月号）

貧困とは、人間としてあってはならない状態、人間としてふさわしくない状態です。一週間以上の旅行をしていない人はフランスでは貧困状態であるとカウントされるというわけです。一定の長さを保障された余暇は人権であり、誰にも奪えないものである。これがフランス社会の水準です。日本の「人間らしさの基準」とは、だいぶん違いませんか。

健康で文化的な、人間としてふさわしい生活を営む権利は、どんな国民にもありますが、それを実現するためには、「人間らしい生活とはなにか」という人権感覚をみがき、「おかしい」に気づく力を、日々鍛える努力が必要なのです。身体の健康を保つためにウォーキングやスポーツをするように、人権感覚を保つために、労働組合でそのトレーニングをしてみませんか。

第11話　「おかしい」に気づいたら

知ることは「おかしい」の源泉に

正常でない状態、本来のあるべき姿ではないとき、私たちは「おかしい」という言葉をつかいます。でもそれは、「正常な状態」「本来あるべき姿」をきちんと認識していればこその「気づき」です。憲法を守らない政治に対して、おかしい！と思える力は、憲法を知ることによって培われます。労働者の尊厳や働き方のルールが守られていない職場に対して、おかしい！と思うには、尊厳や働くルールの中身を具体的に知らなければなりません。「おかしい」の認識は、「知る」ことが源泉なのです。

みなさんが働いている職場、働き方、人間関係のなかで、「おかしい」状態がありますか。具体的に思いつくでしょうか。働き方を問い直すうえでも、この「おかしい」ことを「おかしい」と思えること、気づけることは、大事な出発点になります。それは、労働組合のかかげる「要求」に発展していく下地です。逆に、正常な状態やあるべき姿の基準がない、知らない場合は、おかしいと客観的に見えることでも、その人は「おかしい」と気づくことができにくくなります。

働き方の「正常な状態」「本来の姿」の原則的な基準となるのが、労働法です。労働基準法、労働安全衛生法、労働契約法、最低賃金法、パートタイム労働法などなど…。法律は、先人たちが「これ以下ではダメ」と獲得してきた最低限のラインという意味をもちます。八時間労働も、休みの与え方も、男女平等も、働き方の「正常な基準」を示すものです。

有給休暇制度の「おかしい」

具体例をひとつあげます。有給休暇の「取り方」です。労働基準法では、同じ職場で六か月働くと、有給休暇という権利が発生すると書かれています（39条）。休んでも賃金が差し引かれません。気がねなく、休みたい日に休めます。週の労働時間が三〇時間以上の労働者であれば、年間最低一〇日です。アルバイトでも有給休暇は取得できます。「うちの会社に有休はない」「その理由ではちょっと」という使用者や管理者がときどきいますが、これはすべて法律違反です。

有給休暇で休んだ日に何をするかは自由ですし、病気の際に使うのは本来の姿ではなく、余暇などのために取るのが有給休暇の正しい取り方です。理由の申告をする必要もありません。「〇月〇日に有休取ります」とただ伝えるだけで有給休暇は取れます。「明日取ります」でも大丈夫です。これが「本来の姿」です。使用者は、労働者が申し出た日に有給休暇を与えなければなりません。使用者には時季変更権というものもありますが、「この労働者がこの日に休むと事業全体に大損害が出ることが予想される」など、特殊な事情の場合のみに限定されています。労働者が休めば業務に支障が出るのはあたりまえです。だから使用者は、労働者が有給休暇を取っても業務が滞らないような配分や人員配置を整えておく責任があるのです。

また、労働基準法に書かれている有休日数はあくまで最低限のラインであり、一〇〇％取得

は当然の権利です。「職場に迷惑がかかる」「自分の首をしめるだけ」「みんな取ってない」という理由で労働者自身が取得をためらうことは日本で多くみられ、有給休暇の取得率は全体で五割をきっています。有休は労働者の申請が不可欠な権利ですが、力関係や労働者の「まじめさ」が、申請を阻んでいます。しかし、使用者は本来、労働者に有給休暇を与える義務があるのです。有給休暇が取れない職場、これは法律以下の「正常でない状態」です。おかしいと思える力と、それを正常な状態にするためには、当事者である労働者が声をあげる必要があるのです。

ただ、日本の働くルール（労働法）は、先進諸国、とくにヨーロッパなどと比べると、たいへん遅れています。日本では「正常」でも、ヨーロッパ基準では「異常」ということはよくあるのです。勝ち取ってきた「人間らしさ」の水準が違うからです。有給休暇の制度もだいぶ違います。バカンスが定着している国と比べると、日本はほんとうに「余暇の貧困」状態にあります。ほかにも、非正規労働者への差別問題などがあります。ＥＵなどは、同一労働同一賃金や均等待遇の原則が法律で整備されているため、パートタイム労働であっても労働時間が短いというだけで、正規とほぼ同じ水準の働き方が可能です。「パートなんだから賃金が低くてもしょうがない」というのは「常識」ではないのです。世界のすすんだ「働くルール」を知りましょう。ＩＬＯ（国際労働機関）の条約を学ぶことも大事です。

「おかしい」を言葉にするために

学んで「おかしい」と気づけた。その次は、それを自分の言葉で言うことです。伝えあうことです。おかしいと気づけても、それを口に出せなければ、正常でない状態はいつまでたっても変わりません。ただ、職場ではさまざまな力関係があり、「言えない」ことも多いと思います。「有給休暇は権利だから取ります」ときっぱり言えることができればいいのですが、それには勇気が必要です。そうした訓練の機会も少ないと思います。職場に相談できる人がいなければ相談できる労働組合や労働相談機関へぜひその思いを伝えてください。

「おかしい」を言葉にするには、要求への確信（正しいことだという認識）に加えて、一緒に「おかしい」と言う仲間の存在が決定的だと思います。仲間がいるから、その支えがあるから、「私の言葉」が発せるのです。

小林多喜二の研究者としても知られるノーマ・フィールドさんは、勇気とは社会的なものである、と述べられています。

「私は子どものころは、勇気は個の中から出てくる、本質的に個に根ざしたものだという気がしてきました。でも今は、それは大きな取り違えで、勇気というものは個人のものではなくて、もっと社会的なものかもしれないと思うのです。つまり、仲間がいるからこそ勇気が出てくるというのがありますよね。そういう意味で運動の大切さを感じます」

「そうは言っても個人はそんなに強いものじゃないんだよなあ。〝ひとりひとり〟じゃ無理なんだよなあといつも思うのです。一人で突出したことをやらなくてはならない、それができない自分はダメだと責める。そういうやり方では運動は進まないような気がしています」（『女性のひろば』二〇一二年六月号より）

第11話　「おかしい」に気づいたら

私が思う「おかしさ」を表明することで、それが議論の土俵にあがります。それを発する勇気、たたかうための覚悟には、仲間の存在が欠かせません。「私もそう思う」「法律違反だよね」「一緒に声をあげよう」という話しあいと共有の場がみなさんにはあるでしょうか。「おかしい」に気づいたら、それを今度は要求へ。その大きな舞台のひとつが、労働組合です。

第3章　「労働組合をたんけんする」

第12話　自分の大切なものと労働組合

労働組合の目的は

さてこれからは、労働組合そのものにググッと分け入ってみたいと思います。あなたの生活と労働組合が「つながる」ことを期待して…。

まず、労働組合の定義を確認しておきます。労働組合法という、労働組合の活動を保護する大事な法律がありますが、その第2条にこうあります。

「『労働組合』とは、労働者が主体となって自主的に労働条件の維持改善その他経済的地位の向上を図ることを主たる目的として組織する団体又はその連合体」

ポイントその1。労働組合の目的は「労働条件の維持改善」「経済的地位の向上」にあります。なぜ労働条件の改善が必要なのか。労働者が人間としてふさわしい扱いをされるためです。私たちの生活をよりよいものにするためです。生活の質に直結している労働条件を「他人まかせ」にするわけにはいきません。だから交渉が必要なのです。ひとりでは交渉できませんから、労働者が主体となって使用者と「みんなで交渉する」。それが労働組合の目的です。

ポイントその2。「自主的」という意味です。辞書でひくと、「当然なすべきことを、他からさしずされたり、他の力を借りたりせずに、自分から進んでやろうとする様子」（三省堂『新明解国語辞典』第七版）とあります。

労働組合の活動は、命令されたり、強制させられたりしません。使用者からの指示や援助も受けません。ですから、「自分から進んでやろうとする」ための意志を「みんなで」つくることが必要になってきます。自主性というのは最初から備わっていませんので、学習や議論、集まり交流することを通じて労働組合への認識を育てあう努力が欠かせません。

さらに、労働組合活動の難しさのひとつに、自主的な活動であるがゆえに、自分の時間や労力をつかうということがあります。活動を維持・推進するために組合費も必要です。「自分の時間」「自分の労力」「自分のお金」をともなう活動なのです。だから、労働組合の活動を理解し、納得を得ることがとても重要になってきます。と同時に、労働組合の活動が「楽しさ」「喜び」をたっぷり含むことも大事です。人間は理屈だけでは動かないものです。理屈と同時に、感性的共感といいますか、気持ちの面でも「おもしろさ」をあわせもつ工夫です。労働組合の活動は「たいへん」な側面がありますが、「苦」のなかに「喜び」もあります。それは人間らしい生活や働き方を求めるうえでの「たいへんさ」だからです。独特の連帯感をもつ人間関係のなかで自らのアイデンティティーがつくられたり、人間的な喜怒哀楽を深いところで感じることも多いのです。

労働組合は自分の大切なものを守る

なによりみなさんに伝えたいのは、「自分の大切なもの」を使う労働組合の活動の目的は、その「自分の大切なもの」を守るためにある、ということです。「私の生活」「私の時間」「私の働き方」「私の尊厳」です。私たちは、今ある「枠」のなかで幸せを追求することも可能ですが、労働組合の活動は、幸せ追求の「枠」をより広くしようという活動です。だから自分の大切な時間や労力を使って、みんなで「私たちの幸せ」を拡大していく。そのために労働条件を改善するし、働き方を根本で規定している社会や政治にも働きかけていく。これが労働組合の活動です。

そして、「自分の大切なもの」は、他の人にとっても「大切なもの」であるはずです。労働組合は、労働組合に組織されている人の労働条件改善、生活改善の組織であると同時に、すべての「雇われて働く人びと」の生活や尊厳を守る組織でもあります。立場が弱い人、声をあげにくい人、差別されている人、痛みを強いられている人を「見過ごさない」「ほっとかない」組織です。最も立場の弱い労働者をも代表してたたかいます。

逆に、困っている人がいても「見て見ぬふり」をしたり、置き去りにする労働組合は、労働組合とは言えません。「人権を守る砦」となるべき組織なのです。ドイツ生まれの革命家・マルクスは、「労働組合は、異常に不利な環境のために無力化されている農業労働者のような、賃金のもっとも低い業種の労働者の利益を細心にはからなければならない。労働組合の努力は狭い、利己的なものではけっしてなく、ふみにじられた幾百万の大衆の解放を目標とするものだということを、一般の世人になっとくさせなければならない」と述べています（「労働組合その過去・現在・未来」一八六六年）

職場での働き方や労働条件にかかわる一人ひとりの「痛み」は個別的であり、目にみえにくいものです。でもその「ひとりの痛み」を放置しておけば、その痛みは広がっていき、「私の痛み」になる可能性もあります。労働者は、違いもたくさんありますが、共通の立場、共通のリスクをかかえているので、誰もが痛みの当事者になる可能性があります。「私も同じ立場になるかもしれない」という想像力が必要ではないでしょうか。

労働組合の社会的役割

労働組合は労働者どうしの競争を制限し、「みんなで痛みを緩和する」ために、地域で、産業別に、そして全国的にも連帯して活動します。さまざまな社会運動や市民運動組織とも連携します。手をつなぎ広げることで、個々の労働組合の運動は社会的な力へと高まります。そして経営者団体である財界や、政治にも影響力をあたえていくのです。「自分たちの力はいまどれぐらいで、いまどんな要求や課題をかかげて、どう本気で実現していくか」をみんなで議論し、力を集中し取り組みます。

要求を本気で実現しようと行動する仲間が増えれば増えるほど、要求をつきつける相手へのプレッシャーや交渉力アップにつながります。労働組合に入る仲間を増やす取り組みは、持続的かつ大事な課題になります。

一人でも入れる労働組合も、全国各地に存在します。労働組合に入ることによって、会社と交渉もできますし、法的な保護を受け、たたかいやすくなります。すべての働く人に窓口が開かれているのが労働組合です。そうした社会的役割を期待するからこそ、日本国憲法は労働基本権を無条件で私たちに保障しているのです。

あなたの大切な時間を、大切なものを守り拡大しようとする労働組合に、少し使ってみませんか？　その時間は、一人ひとりを大事にし、人間らしさにこだわる「私」「私たち」を育てあうものに、きっとなるはずです。

第13話　団体交渉と要求

「私の言葉」を直接届ける団体交渉

労働組合の活動にはじつにさまざまなものがありますが、いちばんの「山場」「団結の結節点」は、やはり団体交渉ではないかと思います（労働組合の性格によって交渉内容や対象は変わってきます）。雇われて働く人は、この団体交渉を通じて、労働条件を改善し、職場のさまざまな問題について使用者と意見交換・議論をします。また不当なことや人権侵害があればそれを正していきます。憲法28条で規定されているように、団体交渉権は、労働者にとって不可欠の権利であり、「ものを言える保障」です。「私の言葉」を直接使用者に届ける、仲間にも聞いてもらう、それが団体交渉の場です。

団体交渉とは、「労働者の集団が、代表者を通じ、使用者または使用者団体と、労働条件その他の待遇または労使関係運営上のルールについて行う交渉」であり、「団体交渉は、個々には交渉力の劣る労働者が、使用者と対等な立場で労働条件を決定するための重要な手段であり、使用者には団体交渉に応じる義務が課せられて」います（『労働法』小畑史子・緒方佳子・竹内寿、有斐閣）。

団体交渉がまとまると、労使でそれを確認した書面をつくります。これが「労働協約」というもので、就業規則よりも優先されます。労働協約は、労働組合が要求をかかげて「みんなで交渉」した結果得られる、職場でもっとも強い「約束事」です。

労働条件を改善したり、要求を実現するためには、みんなの思いがたばになり、団体交渉が「熱をもつ」必要があります。要求の正当性や実現根拠を示すことは前提ですが、くわえて職場の仲間の切実な思いや声が交渉の場で出され、要求に魂がふきこまれることが大事です。一人ひとりの、切迫感のある「私の言葉」こそが、仲間への共感を広げ、使用者へも強く届くものになるからです。

切迫感のある要求を、「私の言葉」としてのせていく。そのためには、要求になるまでの「話しあい」「切迫感の共有」が必要です。そこで、要求をどう豊かに耕すかについて考えたいと思います。

要求への最初のステップ

要求とは、「必要なものとして、その実現を強く求めること」(三省堂『新明解国語辞典』第七版)「必要だ、ほしい、または当然だとして、それが得られるように、求めること」(岩波『国語辞典』第五版)です。

「必要なもの」への具体的自覚。それが欠けている状況への認識。賃金や労働時間、人員配置など、さまざまな労働条件の具体的な状況からその認識は生まれてきます。

要求は、初めから要求として存在するのではなく、不満や違和感という形をとってまずはあらわれます。だからまず必要なのは、内に秘められていた不満や違和感を「こぼす」「つぶやく」「ぶちまける」「すくい取る」「聴き取る」場が必要です。自由に安心して語りあえる場です。「しんどいなあ」「もやもやする」「おかしいんじゃないの」「先が見えない」「これだけ働いても賃金これだけか…」「休みがなかなかとれない」「人が足りない」「この仕事内容改善したい」「権利がないがしろにされている」。

話したり聴いたりすることで、それがみんなの共通認識になります。要求への最初のステップです。

でも、「ホンネを語りあう」ことって、言うほど簡単ではありません。我慢が美徳とされる日本社会の空気もあります。「こんなこと言って、ワガママだと思われないだろうか」「嫌われるかもしれない」「無視されないだろうか」「否定されないだろうか」…。不安が先にたちます。「個人的な切実さ」は「個人のことだから」とあえて話をしなかったり、遠慮する傾向もあります。だから「聴いて発掘する」作業とあわせて、「あなたのその切実さは、じつはみんなの切実さでもあるのではないか」ということを、ひとつひとつ確かめ合うことが必要なのです。

要求は耕し、掘り起こすもの

そうはいっても、やはり要求をみなで話しあうことは難しさをともないます。「どうせ言っても変わらない」という思いや、「おかしいこと」が慢性化してしまい、職場の「強固な常識」となっていることもあるでしょう。そもそも「おかしい」と思える批判的思考・知識自体が奪われる傾向にあります。一人ひとりが、「違和感に蓋をしない」ためには、なにを言っても受けとめてもらえる場づくりや人間関係の構築が必要です。職場の雑談のなかに、じつは切実な「要求の芽」が顔を出していることもあります。

つまり、要求は「そこにある」「取ってくる」のではなく、「耕す」「掘り起こす」作業や手間ひまが不可欠なのです。要求は最初から要求としてありません。まして、本当に切実な「声」というのは、それを表現できる場がないと、けっして表に出てきません。もっとも弱い立場の人の「声」に耳を傾けることができるかどうかが、一人ひとりに、そして労働組合にも問われています。

要求は重層的でもあります。自分の生活のなかから出てくる要求、働き方をめぐっての要求、職場で生起してくるさまざまな問題、税制や社会保障など使用者との交渉では解決できない要求、そして政治的な要求、平和をめぐる要求などです。大事なことは、これらの要求はバラバラのものではなく、「切り離すことのできないもの」としてとらえることです。もちろん、最初から「自分たちの生活を良くするために政治を変えなくては！」という思いで労働組合に入ってくる人はいません。まずは身近な要求から出発して、それが社会的な背景、政治的な動きとリンクしていることを学びのなかからつかんでいくことで、重層的な要求に一体として向きあうことができるはずです。

要求で一致してみんなで行動する。労働組合の原則はここにあります。まずは、あなた自身の要求を、具体的に考えてみてください。そしてその要求を実現するために、手間ひまかけて、仲間と一緒にどんなアクションを起こしていけばいいかを考えてみて

ください。手間ひまかければかけるほど、その要求は「自分たちの要求」になるはずです。

第14話　労働組合の歴史をたどる

今の姿をつくりだしてきた歴史を

私たちは、つねに時間の最前線にいます。意識しようがしまいが、ぼう大な過去の積み重ねのうえに立っているのです。

ところが、人間の認識は必ず「現在」から入ります。今の姿は直接、目の前に展開しています。まずそれを目にするわけです。四月に新入職員が入社したとします。そこで展開される職場・働き方の姿は、現在の姿であると同時に、過去からの積み重ねられた時間の上にある姿なのです。社会のさまざまな「姿」もそうです。以前、女性には参政権すらありませんでした。結婚も離婚も自由にはできませんでした。「ひとしく教育を受ける権利」（憲法26条）なんて、とっても最近の「姿」です。さまざまな自由がなかった社会の姿を、今の人はなかなか想像しづらいかもしれません。

いまの日常をつくりだしてきた「歴史」を知ることで、「今の姿」を複眼で見ることができます。「今のあたりまえ」は昔からあたりまえだったのではない。ということは、今の不自由や理不尽なことは「将来のあたりまえ」でなくなるかもしれない。現在を、「過去と未来のあいだの過程」としてとらえる力は、前向きな変化への確信を育てます。労働者・労働組合の歴史を学べば、現状は固定したものでなく、私たちの行動で少しずつその姿を変えることができる、という「行動への持続的自信」につながってくると思います。では簡単に、労働組合の歴史をふりかえってみましょう。

労働組合の誕生はイギリスから

労働組合の誕生は一八世紀後半、イギリスでの出来事です。いまから二〇〇年以上前です。世界でいちばん早く資本主義が発達したイギリスでは、「雇われて賃金を得る人」が急増しました。しかし今のような労働法などなにもなく、長時間労働が蔓延し、児童も酷使されていました。低賃金で使われ、首切りも自由でした。病気をしたり失業したりしても、生活保障となるセーフティネットもありません。

労働者たちも人間ですから「やってられない」「なんとかならないか」という思いはつのります。最初はさまざまな個人的抵抗もありましたが、たいてい失敗していきます。やがて労働者は「パブリックハウス（パブ）」を拠点に「みんなで労働条件を交渉していく」というたたかい方を発展させていきます。でも使用者のほうがやはり立場が強い。だからなかなか労働者の要求はとおりません。そこで労働者たちは、みんなで仕事拒否をする（ストライキ）、という「交渉の仕方」をあみだしていきます。労働者は圧倒的に数が多いので、「みんながいっせいに」職場に行かないということをすると、職場はピタッと止まってしまいます。動きません。経営者は困ります。だから「ここまでなら」という譲歩を引き出し、労働条件を改善することができたのです。ストライキは労働者にとって「切り札」であり、正当な交渉手段なのです。

でも、団体交渉もストライキも、一時的な「団結」でしたので、恒常的に「労働者の数の多さ」を「力にしていく」「強くしていく」組織をつくる必要性がありました。そこでユニオン（労働組合）の誕生です。一八世紀の後半、イギリスでは労働組合の結成やたたかいが広がります。しかしこれを押さえにかかりたい資本家たちは、一七九九年に団結禁止法をつくらせます。労働組合の活動は一時、違法行為となってしまったのです。でも労働者には生活があります。あきらめることはできません。さまざまな弾圧のりこえ、団結禁止法を撤廃させたのが一八二四年です。さらに国の法律として争議権（ストライキ）をふくむ労働基本権が確立したのが一九〇六年。団結禁止法制定から一〇〇年以上たっています。すごいたたかいです。世代をこえて受け継がれてきた活動です。

そして海をこえ、世界中に労働運動は広がっていきます。

日本の労働組合の歴史は

日本の労働組合の歴史はどうだったのでしょう。じつは、一〇〇年遅れですが、イギリスと同じような経過を歩みます。一八六八年の明治維新から、日本の近代化はスタートしましたが、明治政府が上から資本主義化をすすめるなか、その中心を担ったのは炭鉱や繊維産業でした。

一八七〇年頃には、各地で炭鉱労働者などの争議が始まっていたそうです。一八八五年には山梨県甲府の製糸工場で、女工たちによるストライキが起きています。翌一八八六年には甲府の雨宮製糸工場の女工たち一〇〇人が近くの寺にたてこもり、長時間労働や賃金切り下げに抗議し、明確な要求かかげてストライキをして勝利しました。これらはいずれも自然発生的に生まれた抵抗であり、たたかいの初歩的段階でした。

日本における労働組合の誕生に関わった人物の一人として、片山潜（岡山県久米南町出身）がいます。一八九七年、労働者に労働組合をつくるための呼びかけ・準備組織として「労働組合期成会」がつくられ、機関紙「労働世界」を発行します。この期成会の活動を母体として、わが国最初の労働組合、鉄工組合（一八九七年。金属機械工の組合）、日本鉄道矯正会（一八九八年。日本鉄道株式会社の機関士、火夫の組合）、活版工組合（一八九九年）がつくられていきました。そしてイギリスと同じなのですが、日本の国家権力は一九〇〇年に、治安警察法（＝組合死刑法）をつくり、組合活動の弾圧に乗り出します。集会・結社の自由も奪われ、団結権・争議権なども刑事罰の対象になります。一九二〇年に日本最初のナショナルセンターである日本労働総同盟が結成され、同年には第一回メーデーも開催されますが、弾圧・分裂攻撃も激しかったそうです。そして日本が侵略戦争へと突き進む時期、民主主義・労働運動は徹底的に弾圧されました。

一九四五年八月一五日に日本は降伏し（正式な終戦は九月二日）、アメリカの占領下に入ります。戦時中は弾圧されていた労働組合がここから大復活を果たします。一九四五年一二月、憲法よりも先に労働組合法がつくられ、労働組合の結成が占領軍によって奨励されます。民主的で平和な日本をつくるには、労働組合が不可欠と考えられたからです。「私の思い」を発せられる自由を得た労働者たちは、手をとりあい、運動を強め、労働組合が爆発的に広がったのです。

そこからの戦後労働運動の歴史、紆余曲折の歩みは、ぜひみなさん自身が学んでみてください。すでに労働組合に所属している方は、自分の入っている労働組合の歴史もぜひ知ってください。そこには、生きた人間の顔が必ずあり、あきらめずに連帯と団結をつうじて職場を変えていった先輩たちの苦闘がみえてくるはずです。私たちの日々の行動の意味を見つめなおす力にもなるでしょう。労働組合には、人間らしさを求めてたたかった無数の労働者の、ドラマがいっぱいなのです。

第15話　労働組合のドラマを継承する

夜勤に疲れた　重い足に
みんなでいいきかせよう
夜明けがくる
人並みの暮らし　幸せもとめて
苦しみに負けないで立ち上がろう
・・・・

一九六八年二月一〇日の朝、新潟市内で行なわれた「看護婦大集会」で、冒頭の「窓をひらこう」という夜勤制限の歌が、一四六人の看護婦（現在は「看護師」ですが、当時のままの名称で書きます）たちによって歌われ、参加した人たちの気持ちをひとつにしました。

この歌は、日本の医療労働者の歴史に刻まれる一九六〇年の医療統一闘争・「病院スト」のなかでつくられたものです。それが、八年後、日本の労働運動のなかでも稀有のたたかいである、「ニッパチ闘争」―それまでの一人夜勤体制を二人に、月八日以上だった夜勤を八日以内にと、制度化をもとめた新潟県立病院のたたかい―の現場で歌われ、受けつがれていたのです。

たたかいの克明な記録

この「ニッパチ闘争」は、労働組合の大事な「たたかいの原則」が、いたるところで実践されている、教訓の宝庫です。

そのたたかいを克明に記録した『夜明けがくる—立ちあがる看護婦たち』（新潟県職員労働組合編・労働旬報社・一九六八年）という本があります。あまりにも過酷な夜勤労働の実態、看護婦の犠牲、そして、「患者さんのための、したい看護ができない」「このままでは命が守れない」との叫び。その切迫がリアルに伝わってきます。

看護婦大集会の「集会まとめ」には、以下のように書かれていたそうです。

「…団結とは、人を信頼することである。たたかいの勝利は団結の度合いによる。実力行使にあたって、いろいろな討論があり、困難につきあたるかも知れない。そのときに、仲間を信頼しよう。ときどき意見が違っても、同じ夜勤の苦しみを味わっている仲間であることを。

…人はみんな同じように自覚しない。それは不均等である。しかし、労働者なら必ず要求と行動は一致するものであることを固く信頼しよう、組合も、すすんだ分会、おくれた分会、自覚した人、まだそこまで達しない人——いろいろな状況の中で、夜勤で苦しんでいる人たちなら、必ず立ちあがってたたかう力をもっていることに不動の確信をもってたたかう。患者も、医療破壊の同じ被害者である。話をするなら、必ず支持してくることに確信をもとう。

…勇気をもとう。明日の幸せのために、今日の勇気を——」

この集会の様子は、労働組合の「集まることで生まれる力」がズンと伝わってきます。集会のなかで人が変わり、団結がつくられ、集会の中からすでに行動が広がっていく…。

最後に心をひとつにして組んだスクラムのなかに、渡辺アイ子さんというひとりの看護婦さんがいました。彼女には三人の子どもがいて、看護の激務と子育てで、これまで組合の集会などに出たことはありませんでした。しかし職場の仲間に、「夜勤が多いことでいちばん困っている人が行ったほうがいい」と言われ、送り出されたのでした。彼女は集会が終わると一目散に家に帰り、集会の感動をまっさきに夫に熱く語ります。私にはこんなにもたくさんの仲間がいたこと、たたかえばこの闘いは勝てること、そして、「これまで仕方がないとあきらめていたけど、それがいけなかったんよ」「負けられない」と。夫はそうした彼女の姿に、「うちの女房をこんなに興奮させ、感動させ、確信をもたせてしまった集会とは、どんなだったのだろうか…」と驚きます。人を変える力が、その集会にはあったのです。

オリジナルのドラマを語る

この本には他にも、涙なしでは読めない歴史的な「七時間団交」や、仲間の行動を組織していく実践が詳細に記録されています。そして読むものの胸を打つ最大の要素は、そこに無名の労働者たちの「人間ドラマ」があるからです。

たたかいには、相手がいます。だから思うようにいかないことばかりです。矛盾もたくさんあります。でも、矛盾があるということは、そこにさまざまなドラマが生まれるということです。私たちの運動や組織の歴史を語ること、それは、そこにつらなる人間のドラマを語ることでもあるのです。

私は、それまで「知識」でしか知らなかった、このニッパチ闘争のことを、この本で初めて詳細に知りました。このたたかいが、あたりまえの人間の叫びから出発したこと。労働組合のたたかいによって大きなうねりになったこと。それはやがて、医療労働者のさらなるたたかいの発展、ナースウェーブや介護ウェーブなどへ受けつがれていったのです。ほんとうに、心がふるえました。

どんなにすばらしい実践でも、こうして「伝え残す」努力をしなければ、その実践やそこに含まれる教訓は忘れられていきます。読者のみなさんは、自分たちの運動や組織の歴史や、センパイたちの人間ドラマを、どれだけ知っているでしょうか？　それを伝えるために、どんな努力をしたいですか？　ぜひみなさんで話しあってほしいことです。

私たちの目にパッと入ってくるのは、ある程度できあがっている「結果」だったり、「いまの姿」です。歴史の長い運動や組織ならば、若い人はなおさら「目の前の姿」で運動や組織を判断しがちです。

でも、そうした「形」があるということは、それを「つくりだし」、また「受け継いで」きた、時間や人間のかかわりがあります。つまりプロセスがあるのです。そのプロセスを学ぶことで、そのものの本質や、原点をより深く知ることができると思うのです。

これは、運動や組織のことだけではありません。一人ひとりの人間もそうです。歴史があり、固有のドラマがあります。自分自身の歩みや変化の過程を話すことは、とても個別的でオリジナル、その人にしか語れない言葉があります。しかしそれは、その人だけの経験という意味をこえて、聴く人の共感を生み、「心をふるわす力」をもつのです。なぜなら、そこに普遍的な法則や教訓、大事なものをたくさんふくんでいるからです。

活動における「伝えあい」とは、私たち自身のオリジナルのドラマを語ることでもあるのです。

第16話　いきいき労働組合活動

活動のための訓練を受けていない

労働組合の活動の意味や大事さがわかって、いざ「がんばろう！」と活動に積極的に参加したり、役員を引き受け実際に組合活動をはじめてみると、さまざまな困難にぶちあたります。思った以上の困難があると思います。その理由を考えてみたいと思います。

「活動」といっても、まだ漠然としていますから、労働組合の「していること」を思いつくまま並べてみます。各種会議、交渉、方針づくり、集会、職場討議、拡大行動、安全衛生活動、調査・アンケート活動、学習会、研修会、新歓の取り組み、交流企画、署名活動、宣伝行動、さまざまな共闘、デモ、要請行動、電話かけ、情報収集・発信、共済活動、ビラまき、呼びかけ、相談活動、人集め、聴き取り、チラシ・ニュースづくり、ホームページやSNS発信、膨大な実務作業、財政活動…。これだけの、こまごまとしたことの集合体です。「要求実現」「団結を強め広げる」という変化を起こすための、こまごまとした営み、それが活動です。

ところが、私たちはこうした活動のための訓練をほとんど受けていません。会議の進め方、人の誘い方、団体交渉の仕方、チラシやニュースの作り方、学習会の持ち方、方針の作り方、人と人をつなげる活動（組織活動）…。活動の前提となる「人権感覚」や「労働法の知識」も、みずから学ばなければ、それを習得する機会はほどんとないと言っていいでしょう。つまり、私たちはみな活動の初心者なのです。右も左もよくわからない状態で役員を引く受ける人も多いのではないでしょうか。必然的に組合の幹部＝「よくわかっている人たち」に「おまかせ」となりがちです。

集まることが難しいからこそ

活動の困難さはさらに幾重にも覆いかぶさってきます。

まず相手が強いことです。単純にいって、労働条件を交渉する相手である使用者のほうが立場は強い。そう簡単に譲歩は引き出せません。組合活動への妨害もあるかもしれません。職場や労働条件がガラッと良くなれば「活動の成果」は目に見えやすくなりますが、なかなかそう簡単ではありません。そうすると「やっても変わらない」という「あきらめ感」もうまれてきます。

さらに働き方や生活に関わる法律や税制、社会保障は政治に規定されているわけですが、こちらは政府・財界が相手です。強大な「相手」です。私たちの要求がすんなり実現することはないのです。

くわえて、集まるための「時間」「体力」「心のゆとり」が少なくなっています。職場の多忙化です。集まることでさまざまな力を生み出すのが労働組合です。集まることができなければ、労働者の思いはバラバラになりやすく、団結の力はさびついていきます。職場の仲間の労働組合への認識や温度差はどんどん大きくなってしまいます。そもそも人間集団の認識や関係性がすべてフラットになることはありえませんから、「要求で一致して、みんなで行動する」ということは、言葉以上の難しさがあります。活動が紆余曲折、ジグザグするのは必然なのです。私たちの活動をいきいきさせようと思ったら、職場の仲間の「思い」「声」を出発点にする、大事にすることはもちろん、それを「要求化」「行動化」していくための「活動技術」「組織・運動論」なども、訓練や継承の機会をたくさんつくることが欠かせないと思います。

何より、集まることが困難になっているからこそ、集まりたくなる場を手間ひまかけてつくる努力です。集まる場を身近にたくさんつくること、きっかけはなんでもいいと思います。

「お好み焼き食べに行こう」という先輩の誘いかけで労働組合の学習会に「たまたま」参加した青年がいます。私が定期的に講師で行っている岡山医療生協労組では、月に一回「労働食堂」という企画をしていて、学習会＋手づくりの食事を味わう会を行っています。その労働食堂で学習会が行われているとは知らず、お好み焼きに誘われてふらふらと会場に入ってきた青年。「こっちで学習会してるから」と言われ、なにもわからず参加し、「労働組合の活動」についての私の話をジッと聞いていた彼は、こう感想を語りました。

「前は医療機器メーカーで働いていて、夜十一時十二時はあたりまえ。会社に何かを言うなんてありえなかった。こうやってみんなで交渉できる労働組合があること自体に感動してます」。

参加者みんなが嬉しく感じた発言でした。彼が学習会に参加したのは「たまたま」です。こうした「たまたま」の機会をたくさん準備することが大事だと思っています。きっかけなんてなんでもいいいし、不純でもいいんです。まずは労働組合に出会ってもらう、集まりの場に来てもらう、ということです。もちろんその場を「また来たい」と感じる場にする努力は必要です。でも入口は多様でいい。身近に、さまざまなきっかけを準備しましょう。

集まりの場と民主主義

そして、その一回一回の集まりを成功させる工夫です。「自分の思いが出せる」「楽しい」「ほっとする」場に労働組合をしたいですね。本音の議論ができるテーマ設定や時間、おもしろくなるような交流、思ってもみなかったことに出くわすことをたくさん準備しましょう。もしあなたが、労働組合の集まりに参加して「もう参加したくない」と思ったら、その思いをぜひ率直に伝えてください。そしてなぜそう思ったのかも。

楽しい集まりにするには、参加者がたっぷり話をできることも大事な要素です。「集まりの場」のなかで対話・交流・議論が生まれるようにすることです。講演を聞くだけ、一方的な報告のみ、一部の人しか話さない、こうした運営は、一人ひとりの力がアップしないばかりか、「また来たい」と思えなくさせます。対話・議論は、自分とは異なる考え・経験と出会う機会をつくりますし、「私の意見」を発する訓練の機会にもなります。

民主主義とは、参画と尊重です。一人ひとりが意識決定やものごとのプロセスに参画し、なおかつ一人ひとりが尊重される運営です。でもこれはとても難しいことでもあります。活動のなかでも、やはりさまざまな「力」は働いています。役員とそうでないひと、経験のあるなし、年齢…。声の大きいひと小さいひとがかならずいるのが人間集団です。「私

の言葉」が出にくい関係というのは労働組合でも同じです。だから、「力」をもっている側の姿勢も問われると思います。それはなにより一人ひとりの思いを聴く姿勢であり、民主主義的感性です。日頃のコミュニケーションも大事です。「私はこう思う!」の発声練習を、労働組合を通じてたっぷりと積んでほしいと思います。

民主主義はめんどうくさいし疲れます。「おまかせ」「まかせとけ」のほうがラクです。でも、「私はこう思う!」がワサワサと表出される空間や人間関係が民主主義の土壌であり、成長へのプロセスです。それを束にして一致点を確認し、行動へとすすんでいきましょう。

一人ひとりの参画こそが労働組合に生命力を与える最大の方法であり、「いきいき労働組合活動」の出発点です。

第17話　手をつなぎあうことで

労働組合は人間らしさにこだわる

これが最終話です。これまで、いろいろな角度から生活や働き方、そして労働組合についてみてきました。「へえ！」と思ったところや、「なるほど」という発見があったでしょうか。「ここはよくわからなかった」「やっぱりメンドクサソウ」とひっかかったところがあれば、私の説明不足です。でも、ひっかかったところは、ぜひまわりのみなさんと話しあってみてください。話しあう、議論してみることで、人間の認識というのはグッと豊かにふくらんでいくものです。また、労働組合に関する本もたくさんありますので、それらを手にとって「次のたんけん」に出かけてもらえることもお願いしたいです。

さて、最後にどうしても伝えたいことは、「労働組合は人間らしい生活のためにある」という、手放してはいけない原則です。

人間らしさにこだわる。これが労働組合です。こだわるとは、そのことに対して知ろうとする、わかろうとする、つかもうとする態度です。人間とはなにか？人間らしい生活とはなにか？人間らしい働き方とはなにか？それを押しつぶそうしているものはなにか？を議論し、仲間とともに行動していく。労働組合はそんな組織です。

人間は、一人ひとりちがいます。名前がちがいます。だから名前を呼びあうのです。考え方や意見がちがいます。だから議論するのです。能力や得手不得手もちがいます。だから集団をつくる意味があるわけです。

人間である以上、これは手放せない、これは侵してはならない、そんな自由や権利を「人権」というものさしで発展させてきたのも人間です。ちがいがあるからこそ、同じ価値を確認する必要があるのです。人間としての尊厳。それにもとづいた人間関係。つねに立ち返る基準は、人間らしさなのです。

手をつなぐ、ということ

「人間だけが手をつなぐ」ということを考えたことがあるでしょうか。手と手をつなぐことでまず感じること、それは「ぬくもり」です。手は、冷たくもなく、熱くもなく、あたたかい。すごいと思いませんか。

「手をとりあう」「手をかす」「手をさしのべる」「手助けをする」という人間らしい行為も手が媒介します。手は人と人をつなげるのです。私は、この手の力を考えたとき、社会的な意味で手をつなぐことについても、同じように考えることができるのではないか、と思っています。

今、日本社会はぬくもりが感じられる社会でしょうか。さまざまな「ちがい」が仕組みとしてつくられ、競争と分断が持ち込まれています。貧困状態にある人に対しては自己責任であるとの言葉が投げつけられます。「努力が足りないからだ」「自分で選んだんだろう」「死ぬ気でやればなんでもできる」という言葉です。こうした言葉に、人間らしい「ぬくもり」「あたたかさ」を感じる人はいないでしょう。手をつなぐどころか、それを断ち切る言葉、考え方だからです。

自己責任とは、いったいなんでしょうか。

これまでも見てきたように、労働条件によって生活は左右されます。その労働条件を、労働者はひとりで交渉できません。自分の努力しだいで労働条件はよくなるものではないのです。使用者という相手がいることだからです。生活できないほどの低賃金で酷使されたり、私的時間を奪われる長時間労働を強いられる事態は、「雇われて働く労働者」なら、誰にでも起ってしまう恐れがあります。雇われないと生きていけない労働者という立場からそのリスクは生まれます。

もちろん、たくさんの努力をして、労働条件のいい会社に就職できた人もいるでしょう。でもそういう人であっても、会社が倒産したり、経営が厳しいなかで労働条件の切り下げやリストラの対象になったり、病気になり働けなくなったりすることから逃れられるという保障はありません。自分ひとりの力ではなんともならない事態が起こってしまうのが資本主義社会です。

生活や仕事のなかで、どんな人でもそうした困難な状態におちいるリスクがある以上、「手をさしのべあう」という人間本来のあり方や人間関係を社会

全体で取り戻すことが必要なのではないでしょうか。そしてそれを国の制度としてつくっていくことです。安心やゆとりがベースにあり、困ったときにも支えがある、そんな社会で私は生きていきたいです。

手をつなぎあうことで

人類は、手をつかい労働することで、自由を拡大し、文化を豊かに発展させてきました。手をつなぎあうことによって、社会をより人間らしいものにしてきたのです。そして、一人ひとりに人間らしく生きる権利がある、それは誰にも奪えない、こういうところまで人類の理念は到達しています。

いまあなたが「手にしている」自由や権利は、先輩たちによって勝ち取られ、あなたに「手渡されてきた」ものです。それを職場で具現化するのが労働組合の活動です。あなたもその「担い手」になりませんか。帯を連ねること＝連帯も、かたまりに結びあわせること＝団結も、みんなが担い手になってこそ可能です。

見ず知らずの人とでも、ちがいがたくさんある人とでも、「手をつなぐ」ことのできるのが人間であるはずです。私はそう思います。切り離されそうな人びとの手を、ふたたびつなぎあい、あたたかな、ぬくもりのある社会を実現していきましょう。

おわりに、「手」を題材にした絵本『てとてとてとて』（浜田桂子さく、福音館書店）から引用します。さいごのページがとくに印象的です。手をつなぐと元気になる、勇気がわいてくる、気持ちがつながる、それを教えてくれる絵本です。

「なきそうになっている　ひとの　てを　りょうてで　そっと　つつむ。『そばにいるからね。げんきになってね』って　ては　つたえてくれる
あくしゅをする。てと　てを　にぎって　むきあって。はじめて　あっても　ともだちになれそう。けんかをしてても　なかなおりできそう…
てと　てを　つなぐ。だいすきな　ひとと。わくわく　どきどき　うれしいよ。てと　てを　つなぐ　だいすきな　ひとと。わくわく　うきうき　うれしいよ。
てと　てと　てと　てと　てを　つなぐ。ちからが　むくむく　わいてくる。ぜったい　まけるな　エイエイオー！
てと　てと　てと　てと　てと　てと　てと　みんなで　みんなで　てを　つなぐ。うれしい　きもちが　つながるよ。たのしい　きもちが　ふくらむよ。どんちゃか　パーティー　それ　おどれ！」

［著者略歴］
長久　啓太（ながひさ・けいた）

1974年生まれ。

1998年から岡山県労働者学習協会の専従者。現在事務局長。

2010年より労働者教育協会常任理事。

【著作】

『ものの見方たんけん隊』2014年、学習の友社

【プロフィール】

趣味は、読書（活字中毒）、
映画（年平均20本）、旅行（とくに島旅）。
blog/twitter/facebookを実名でやっています（検索してください）。

【連絡先】

岡山県労働者学習協会 E-mail：gaku3738@iris.ocn.ne.jp

イラスト　岡田しおり
デザイン協力　かんきょうＭＯＶＥ

労働組合たんけん隊

発行　2017年10月12日　初　版　　定価はカバーに表示
発行　2021年 6 月10日　第2刷

著者　長久　啓太

発行所　学習の友社
〒113-0034　東京都文京区湯島2-4-4
TEL 03（5842）5641　FAX 03（5842）5645
郵便振替　00100-6-179157

印刷所　モリモト印刷株式会社

落丁・乱丁がありましたらお取り替えいたします。

ISBN 978-4-7617-0707-1 C0036